ヨーロッパ思想史入門

ヨーロッパ思想史入門

— 歴史を学ばない者に未来はない —

金子晴勇著

知泉書館

はじめに――ヨーロッパ思想史を学ぼう

何千年もの歴史を積み上げてきたヨーロッパ文化や思想を、わたしたちはどうしたら学ぶことができますか。このように問いかける若い人たちが多くいます。だが山積した歴史の資料を見上げると途方に暮れるのは当然なことです。わたしも高校生の時から、ヨーロッパの思想をどうしたら学ぶことができるのかと思って、その思想家たちが膨大な著作を残していることを知り、何度も絶望してしまいました。

しかも無残な敗戦からどうしたら、立ち上がることができようかと考えると、絶望的になりました。どうしても生き方や行動、つまりわたしたちの文化を再生しなくてはならないと思い、外国の優れた文化を学んで生き方を変えなければならないと思ったのです。これが文化変容という問題でした。そうして気づいたことは、他の優れた文化を取り入れないと変容は起こり得ないと言うことです。そこでわたしが考えたのは、世界の全体である宇宙とか、周囲の世界とか、すべてを統括する神とかを探究することはとても困難であるから、少なくとも何かを学んで、わたし自身でもある「人間について」昔の人たちがどのように考えたかを知りたいと思いました。つまり「自己とは何か」、「人間とは何か」ということを昔の人たちがどのように考えていたのかを知りたいと思いました。そこには「自己理解」とか「自己を知る自覚」とは何かであるという問題が隠れていたのです。このような仕方でわたしは次第にヨーロッパ文化の特質、つまりその芸術・宗教・哲学の全体を学び、文化変容を自己自身で経験するようになりました。

しかし次第に分かってきたのは明治以来日本の文教政策は、富国強兵策という観点からヨーロッパ文化を、しかも近代以来の文化形態を取り入れてきたという事実です。それは司馬遼太郎の『坂の上の雲』という作品に活写されている歴史的事実なのでした。その結果が敗戦という惨めな現状だったのです。これを何とか克服して文化を再生するようにわたしは探究し始めました。

そのようなことが明らかになる前にも、もちろん社会で通用している実際的な世間知や人間知、神話や宗教、さまざまな習俗や文化的遺産を通してヨーロッパ文化に触れていました。そこには人間に関する自己理解と解釈が表明されていたからです。確かにすべて人の生活そのものが、そのときどきの自己の生き方を表明している、と有名な精神史家のディルタイ（W. Dilthey 一八三三―一九一一年）は語っています。だが、もっとも懐疑的な思想家でも自己を知る可能性と必然性を否定していませんでした。例えば「世の中の最大の事がらは自己自身を知ることである」と懐疑論者モンテーニュ（M. Montaigne 一五三三―一五九二年）は語り、断乎たるヒューマニズムの立場を採用しました。それゆえ探究の方法は異なり、思想が違っていても、人間とは何であるか、自己とは何かと問うことは人間自身の本性から発現しており、この問いは歴史を通して絶えずくり返され、深められてきています。そこには人間としての自己の在処《ありか》を明らかにし、自己の本質を理解しようとする人間固有の精神的な営みが認められます。

ところで大学に入ってからしばらくして二年生の終わりに専門分野に分かれる少し前に、「高校時代からよく読んでいたキルケゴールで卒業論文を書きたい」と哲学の主任教授であった高橋亘先生に尋ねました。それは先生が当時『キルケゴール』という書物をお書きになり、それを読んでいたからです。そうすると先生は「キルケゴールは三流の思想家である」と言われ、びっくりしたことがあります。では「だれが一流の思想家ですかと」とすかさず尋ねますと、「それはプラトンとアリストテレス、アウグスティヌスとルター、カントとヘーゲルである」と答えられました。それに加えて、これからアウグスティヌスの『告白録』を授業で講読するから、一緒に勉強しましょうと勧められました。こうしたことがあって、わたしはすでに高校時代にその上巻と中巻を岩波文庫に訳されていた書物を今度はピュセイの英訳で学ぶようになりました。さらに哲学科に入ってからはカントとヘーゲル、さらにアリストテレスの『形而上学』を、まだ邦訳がなかったので、ドイツ語訳で学びました。

　これらの思想家はヨーロッパ文化の最高峰でありました。とても難解でしたが、それを少しずつ学んで、理解するようになりました。それは若いころには予想もしなかったことなのです。しかも先生方からだけではなく、先輩も読書指導をしてくれました。たとえば先輩の小汐保さんはわたしが住んでいた学寮の部屋に入ってきて、わたしの書棚に並んでいる本を見てから、「君、高校生の読むようなものはもう止めて、もう少し大学生らしい本を読みなさい」と忠告してくれました。

　そこでわたしはしばらくしてから大学生らしい本に目星を付けておいて、リュックサックに部屋にあった本を一杯詰め、両手にもかかえて洋書が多く陳列されていた古本屋さんに行き、すべてを売ってその本を買いました。それはギボンの『ローマ帝国衰亡史』（英文）全七巻三千数百頁もある美装本であった。この本のことは当時から愛読していたイギリスの作家ギッシングの『ヘンリ・ライクロフトの手記』にも出ていたし、内村鑑三がその若き日にアメリカで苦しい生活をしているとき読んだことを知っていました。また当時学生の読書指導書でもあった河合栄次郎編『学生と読書』にも必読書として星印がついていました。邦訳もあったのですが、読んでみてよく分からなかったので、わたしはこの本を原典で毎日のように図書館にこもって読み続け、半年もかかって読了したのでした。その間に辞書を二冊もつぶしてしまいました。しかも英文がとても流暢で難解であったので、初めはなかなか進まず苦労しましたが、内容が面白かったので、実際、日増しに読むのが楽しくなっていきました。そのためか授業をよくさぼりました。当時の英語の先生はわたしがたまに授業に出席すると、「これはめずらしい」と言っては、すぐにわたしを当てて訳させました。もう一人の先生のテストはギボンで鍛えた力を発揮して満点に近い点をとったと思ったが、成績は最低点の六〇点でした。その理由を尋ねると、半年の間に五回訳すように当てたのに、わたしが一度も訳していないから、ということでした。

ギボンを読んだことはわたしに知的な回心を起こしたわけではないが、これが一つのきっかけとなってヨーロッパ思想史、とりわけ古代末期から中世にかけての思想の世界がわたしの前に開けてきました。こうしてこの時代の最大の思想家を原典にあたって自分の目で確かめてみようという知的な願望が沸き上がってきたのです。そこでアウグスティヌスの歴史哲学を卒業論文のテーマにして研究をする方向が定められるようになりました。これも一種の知的な回心といえないでしょうか。

一般によく使われる言葉に副題として掲げた「歴史を学ばない者には未来はない」は格言に過ぎませんが、これは現在の時点で何か問題を感じたとき、わたしたちは歴史を遡ってそれを解決するよう勧めています。わたしの場合には敗戦という惨めな経験でした。どうしたらこの苦境を克服できるであろうかと真剣に悩みました。そしてその解決を求めて、歴史研究を行わざるを得ませんでした。同じことをドイツのヴァイツゼッカー大統領は『荒れ野の四〇年』の中で erinnern（注意を喚起する）というドイツ語をとくに重要視して国民に呼びかけました。それは思い起こす、心に刻み込むという意味であって、彼は過去のドイツの犯した罪を一つ一つ思い起こしています。

これは単に昔のことを思い出だして想起することではなくて、心のなかに深く刻み込むことを意味しています。歴史を振り返ってみると、罪を犯さない国民も、民族も実はいないのです。天使でない限り、罪を犯さないような人はだれもおりません。ですから問題は罪を犯したとき、わたしたちがそれを真正面から受け止め、悔い改めることです。心の中に深く自分の罪を思い起こすことは二度と罪を犯さない決意をすることを意味しています。この書物の中でヴァイツゼッカーはそれを国家的なスケールで実行しました。日本の政治家では考えられないことではないでしょうか。わたしたちの悪行は告白して白日の下にさらけ出さないと、それ自身の中に増殖する力をもつようになります。そしてこの力はわたしたちを再び悲惨な罪と戦争へと駆り立てることでしょう。ですから恥かしいなどと言ってはおられません。このようにヴァイツゼッカー大統領が誰の前にも恥ないで自分達の罪を告白できるというのは人間として立派なことなのではないでしょうか。このように歴史研究は問題を解決するためにわたしたちが走り出す助走路といえましょう。現在の時点で何か問題を感じ取ったとき、わたしたちは歴史を遡ってそれを解決するようになります。

本書はこうしたわたしの体験を語りながら、ヨーロッパ思想の真髄を学ぶ試みです。若い諸君のためにできるだけわたしの経験に即して語ってみたいと思います。わたしはもう九二歳の超高齢者ですが、札幌農学校の生徒たちに声を大にして「少年よ、大志をいだけ、この老人のように」と語ったクラーク博士と同じように今日の若人に呼びかけたいと思います。

どうぞ続けて本文をもお読みくださるようにお願いします。ヨーロッパ思想文化は文化変容を起こしながら独自な発展を遂げましたので、今日でも学ぶ価値がおおいにあります。それは単一民族の歴史ではなく、ギリシア文化とヘブライ思想がゲルマン人によって創造されたものです。それに古代・中世・近代・現代と絵に描いたように発展してきました。ここにはまだ学ぶ価値が多く残っている優れた思想内容が山積しております。これはわたしたちが自分のツルハシやシャベルを使って掘り起こすことができる、宝の山であるとわたしには思われます。さあ、ご一緒にこの宝を掘り起こしましょう。

目次

目次

第Ⅱ部　文学作品からヨーロッパ思想を理解する

ヨーロッパ思想史入門

――歴史を学ばない者に未来はない――

第Ⅰ部　思想史の主流

第一章　ヨーロッパ思想の三つの柱

はじめに

ヨーロッパ文化の最大の特質はどこにあるのでしょうか。わたしはそれを独自な複合形態に求めることができると思います。この文化の特質は明治以来近代化の典型として重要視され、たとえば優れた思想家であった森有正さんは近代化の典型としてデカルトとパスカルの研究を進め、それを解明しました。しかし、やがてさらに研究が進捗し、ヨーロッパの近代化の前に、宗教改革の時代があり、さらにその前に中世の時代がある点が強調され、ヨーロッパ思想は古代から受け継いだものであることが指摘されるようになりました。

わたしの研究はこのようなヨーロッパ思想と文化の研究が進んできたときに始められたので、ヨーロッパ研究も古代にまで遡ってなされるようになりました。そうするとそこにはギリシア・

ローマの古典文化と原始キリスト教、さらにその影響を受けたキリスト教古代にまで遡って学ぶ必要があることに気づくようになりました。ここにヨーロッパ文化が他の文化とは似ていない独自性と特殊性があります。

そこでわたしの研究はヨーロッパ文化が独自な複合文化であって、それが三つの柱から造られた建造物であることに向けられました。そこには世界でも他に例のない、豊かな思想と文化が形成されました。わたしたちは明治以来ヨーロッパ文化を取り入れてきましたが、それは近代化を実現するためにある程度は成功したものの、実際は明治以来の富国強兵策にもとづいて行われました。

こうした文化摂取の歩みは敗戦によって失敗であったことが明瞭となりました。そこでどうしたら外国の文化を取り入れ、新しく日本文化を再建することができるのかということがわたしたちの青年時代における最大の関心事となりました。本書もこうした点を出発点としております。

そこでもう一度初心に返ってこれを学び直したいと思います。

1 「ヨーロッパ」という名称

わたしたちはまず「ヨーロッパ」という名称について考えてみましょう。それはもっとも古くはギリシア神話のエウローペーに由来しています。テュロス王アゲーノールとテーレパッサの娘エウローペーが野で草花を摘んでいたとき、彼女は最高神ゼウスに恋され、牝牛に姿を変えたゼウスの背に乗せられてクレータ島に連れ去られたという神話から始まります。ヨーロッパの起源はここまでさかのぼることができます。

しかし図像学的にはヨーロッパはローマ神話でのアイネイアースの子アスカニウスの娘であり、トロイア人がローマを征服したとき、パラーティーヌの丘に神殿を建てた女神をいいます。これが中世ヨーロッパでは学問の女王を象徴的に表わし、スコラ学を完成させ、多くの有益にして才能ある学問、とくに航海術を発展させました。

たとえば水乃江有一『図像学辞典』によると、リーパの図像には次のような説明が記されています。「ヨーロッパは世界のほかの地域を導く。それはもっとも肥沃であり、あらゆる活動に物資を提供するからである。そこでの人間自体ももっとも才能と知性にすぐれ、真の神を敬う」と。

ですからこの図像の背景には、キリストの像を中心に、光輝なる聖堂が描かれています。その頭上には三位一体を示す三角形が描かれ、あらゆる光の源となっており、周囲に立つ像は左から順に、祈祷・信仰・慈愛・希望です。聖堂のなかにはローマ教皇・皇帝・国王のための冠が置かれています。それによってキリストへの信仰・知性・芸術がいつもこれらの地域を支配してきたことが示されています。したがってヨーロッパは信仰と完全に一体化して考えられていました。

歴史的にいうとヘレニズム初期の頃までは、ときにヨーロッパの名が使われても、漠然としており、おおむねその地域はエーゲ海の周域を大きく超えるものではなかったようです。アレクサンドロス大王の関心も東方にのみ向かっており、西方には無関心でした。ただし、その重臣でマケドニアに残留したアンティパトロスは「ヨーロッパの将軍」と呼ばれ、マケドニア、トラキア、テッサリアやギリシアを統率していたようです。

一般的にいってパクス・ロマーナ（ローマの平和）時代を含め古典古代の全期間を通じてヨーロッパという名は、今日の用法とはずれており、地中海世界のみが存在し、ヨーロッパは一定の地域の名というよりは，或る漠然とした感覚に過ぎなかったのです。

2　古典文化の理性とキリスト教の霊性の接触

一般的にいってどのような文化にも統一的な型が必ずあります。ちょうど人間の行動がその表現の様式がどれほど多様であっても、自己のうちに中心をもっている人格であるかぎり、各個人には行動の基本線があり、統一的な形や型ができあがり、自然に備えられているようです。そのように個々の文化のなかにも統一的な形や型が形成されており、そこに文化の類型化が生じているといえましょう。したがってヨーロッパ文化も独自の型をもっていて、それが古典文化とキリスト教とが歴史を通して統合化されることによって形成され、強固な文化的伝統を生み出したのです。この伝統となった文化的型は歴史的な形成物でありますが、形成以前にそれ自体の内に統一体・秩序・社会的組織・法とを備えており、その上で、一つの文化が他の文化と接触するときに、自己の可能性を越える文化的要素を受容しながら、文化変容を起こし、自己独自の文化を新たに、かつ、豊かに形成していくことが起こります。そこで古代に起こった両者の特質を簡単に指摘しておきましょう。

(1)　二つの文化の一般的な特質

ギリシア文化の遺産はローマに流入して変容し、そこから間断なくキリスト教社会に受け継がれていきました。古代の歴史はすべてがローマに流入し、ここからヨーロッパ文化も形成されました。そこではギリシア語とラテン語による世界文学、ローマ法の集大成、アウグストゥス以来の君主制と行政組織の形成、およびキリスト教の世界宗教としての地歩の確立などが実現されました。このようにギリシアから文化を受け入れたことにより、アリストテレスの哲学が、イスラムを経由して一三世紀のヨーロッパに伝達され、一四世紀末からギリシア語の大量の典籍がヨーロッパにもたらされ始め、ルネサンス以降のヨーロッパ・人文主義を開花させていきます。この人文主義（ヒューマニズム）は語源的にフマニタスに由来し、ギリシア語のパイデイア、つまり若いときから培《つちか》うべき「教養」もしくは「文化」を意味していました。この教養は大学における教養課程として一二世紀以来「七つの自由学科」として定着し、とりわけ修辞学が重要視され、教養形成の基礎となりました。

(2)　ギリシア文化の特質

ところでギリシア人は「眼」の国民であるといわれています。たとえば、ギリシアには彫像がいくつも残っており、フランスのパリにあるルーブル美術館にはミロのヴィーナスや美しいニケの像があって、それらを見ても分かるように、美的な視覚像が際立っています。事実、哲学者アリストテレスも「すべての人間は、生まれながら知ることを欲する。そのなかでももっとも愛好されるのは、眼によるそれ〔つまり視覚〕である」と強調したように、「見る」（テオレイン）というのは「観照」（テオリア）であって、そこから「理論的認識」が生まれてきます。こうしてギリシアで初めて世界を冷静に見て考察する天文学や幾何学が興り、そこには理性的な人間像「ホモ・サピエンス」（homo sapiens）が支配する文化形態が生じてきました。

(3)　キリスト教文化の特質

ところでキリスト教の母胎はヘブライ思想でした。ここではギリシア人とは反対に「耳」が重んじられ、たとえば神の言葉に耳を傾けて聞くことが強調され、人格的な関係に立つ行動様式が確立されました。実に聖書は神がその天地創造の初めから「光あれ」と語ったと述べているし、戒めを犯してエデンの園の茂みに隠れた最初の人アダムに向かって「あなたはどこにいるのか」と直接に語りかけています。このことは楽園追放のあとでも変わりません。ですから預言者イザヤは「恐れるな、わたしはあなたをあがなった。わたしはあなたの名を呼んだ、あなたはわたしのものだ」（イザヤ四三・一）と言います。したがってイスラエル人は見えない神の声を聞いて信じる「耳」の国民であったといえましょう。

ここでは「聴いて信じる」という信仰が支配的な人間観となり、人格的な神に対し信仰をもって関わることが強調され、人格的で宗教的な文化が形成されました。したがってヘブライ的人間像は「ホモ・レリギオスス」(homo religiosus 宗教的な人間）という文化形態を生み出しました。

(4) 両文化の統合

歴史的にいうと両文化の接触は、旧約聖書の知恵文学の頃から起こり、ヘレニズム時代のギリシア語で書かれた新約聖書ではギリシア文化の影響が随所に見られます。さらにそれは使徒時代の後に活躍した教父たちのもとで一段と進み、キリスト教古代に属するキリスト教教父の思想では両者の総合が大胆に試みられ、三色刷りの絵のように結実しました。

3 ヨーロッパ文化を形成した三つの柱

それではヨーロッパ文化に特有な型とは何でしょうか。それはヘレニズムとヘブライズムという二つの文化的源泉をもち、ゲルマン民族によって両者が統合されて歴史的に成立している点に求められます。したがってヨーロッパ文化はヘレニズムとヘブライズムおよびゲルマン民族という三つの柱からなる建造物に喩えられると考えられます。この三つの柱のいずれを欠いても、それはヨーロッパ文化とはいえないでしょう。

それでは「ホモ・サピエンス（知恵を求める人）」と「ホモ・レリギオスス（宗教的な人）」とは、どのように統合されたのでしょうか。前者の形成原理は「理性」であり、後者の統合原理は「霊性」もしくは「信仰」です。しかも両者は人間が自己を成立させている二つの不可欠の部分なのです。それゆえ、このような文化統合は人間の「自己認識」によって遂行されることになり、これが思想文化として結実したといえましょう。

この総合の試みはキリスト教古代ではアウグスティヌスによって実現するようになりました。それは彼のキリスト教への回心とキリスト教の教えを形成する試みのなかに見いだされます。さらにこの試みは「中世」（Medieval Age）を通して進行していきました。

この「中世」という言葉は、一般には、古代と近代との「中間の時代」を指しており、その時代の区分は、古代の終わりと近代の始まりをきめることで行われました。

それゆえ古代ローマ帝国の崩壊はゲルマン、フランク、ブルグンド、東西ゴートなどの諸民族がローマ帝国に侵入することによって始まりました。帝国の全盛時代にゲルマン民族などは蛮族として帝国の境界線をなすライン・ドナウの北側に居住し、帝国の存立を脅かしていました。しかも四世紀末のフン族の来襲を契機として帝国の防御線が次々に突破され、彼らは民族の大移動によってローマ帝国の領土に侵入してきました。こうして西ローマが滅亡することになります。「永遠の都」ローマはアラリクスの率いる西ゴート族によって攻略され四一〇年という年に古代の終末が始まるようになりました。

しかし、そこから同時に、次の時代である中世が開始することになり、ゲルマン民族がキリスト教を受け入れるようになって、ギリシア・ローマの古典文化とキリスト教との総合に立った「統一文化」が形成され、「ヨーロッパ」という政治的・文化的統一体が成立することになりました。

4　歴史家の見解

ここでは次に二人のヨーロッパ史家の優れた研究を紹介しましょう。そこにはヨーロッパとその思想文化がどのように形成されたかが考察されています。

(1)　イギリスの歴史家ドーソン

ドーソン（C. H. Dawson、一八八九―一九七〇年）はギリシア・ローマの古典文化、キリスト教、ゲルマン民族という三つの要素の融合によってヨーロッパが文化的生命体として形成されたことをはじめて強調しました。彼はその主著『ヨーロッパの形成』のなかでこれまでは「暗黒時代」と呼ばれていた中世こそ実はヨーロッパ文明の歴史の上でもっとも重要な変革を成し遂げた時代であって、この時代ほど創造的な時代はなかったと主張し、次のように言いました。

この時代は既成の文化のあれこれの具体的表現に力を注いだのではなく、まさしく無からの創造活動に励んだ時代、換言すれば赫々たる精華を次々と開いていったヨーロッパ文化そのものの土壌と根幹を形成した時代であった。そして今日、この時代の真価が理解されにくい一つの理由は、皮肉にもこの時代の業績がひたすら創造活動に終始していたというそのことによるのである（『ヨーロッパの形成』野口他訳、創文社、緒言二頁）。

中世文化は少なくともその最初の時期は一般に暗黒時代と言われていましたが、ドーソンによると実はこの創造過程は目立たないが、徐々に成熟してきており、華やかさはなくとも、この時代の精神は信仰という霊的原理で形成され、人間の業績としての文明を超える力を信じ、自らを虚しくして自己の使命に献身し、知らず識らずのうちに超人間的な活動に入っていったというのです。これはわたしには驚くべき発言に思われました。彼はこの創造的活動について多くの民族的統一を超えるヨーロッパの文化的統一のなかに見出し、次のように強調しました。

はっきりいっておくが、われわれの文化を支えている究極的礎《いしずえ》は、あれこれの民族国家ではなく、ヨーロッパ統一体なのだ。成程、この統一体は今日まで政治的形態を取るに至っていない。……それにもかかわらず、ヨーロッパ統一体は、民族より一段上の次元にあって断乎存在し、個々の民族を包括している究極的な統一、つまり現実の社会なのである（前掲訳書、緒言一〇―一一頁）。

この統一体は今日ではEU（the European Union ヨーロッパ連合）として実現しています。ドーソンは、これまでの歴史家が行ってきた個々の民族的な独自性の究明からヨーロッパに共通な統一文化の理解に転換すべきことを、中世の歴史に残る文化的・社会的遺産から力説しました。確かにヨーロッパはオーストラリアやアフリカのような自然的（地理的・人種的）統一体ではありません。そうではなく人類学的にも雑多な人種の混合体が長い歴史的・精神的発展の末に社会的統一体を形成してきたものです。それは中世で初めて基礎が据えられました。ですから中世思想は、それ以前の古代的・民族的次元にもとづいた「閉鎖社会」をキリスト教的な「神の国」の理念によって根本的に超克しようとしたとドーソンは言うのです。したがってわたしたちは中世の思想家たちがこのような高次の社会的統一体である万人に「開かれた社会」をめざしている点を解明しなければなりません。

ドーソンは中世で起こった文化的統一体の歩みを、次の三段階に分けて考察しました。①起源の段階（それは、ギリシア・ラテン文化の世界にキリスト教が入っていった時代で、ローマ社会とキリスト教が最初は厳しく対立していたが、やがて改宗することによってキリスト教的ローマ文化が成立する）。②発展の段階（教会によるゲルマン民族の教化と古典文化の保存がなされる）。ゲルマン民族は自己の固有の文化と社会制度をもっていたので、初めはキリスト教文化と対立し、キリスト教以前の古い民族的伝統に復帰しようとしました。③開花の段階ではキリスト教は自力で新しい文化と社会を基礎づけたので、ヨーロッパ諸民族もこれにしたがって多彩な文化的な発展をした。こうして中世の統一文化が形成されたとドーソンは述べています。

(2) 歴史家ピレンヌによるヨーロッパ世界の統一

ところで中世社会の成立とヨーロッパ世界の統一との関連はベルギーの歴史家ピレンヌ（H. Pirenne, 一八六二―一九三五年）によっても解明されました。彼はその名著『ヨーロッパ世界の誕生――マホメットとシャルルマーニュ』によってそれを学問的に解明しました。彼は①ゲルマン民族の移動をローマ世界内部に位置づけ、②フランク王国をメロヴィング王朝とカロリング王朝とに社会構成上二期に分けて対照的に解明し、③さらにイスラムの進出によって地中海世界から北欧世界に中心が移って、ヨーロッパ世界の誕生となったと説きました。これがいわゆる「ピレンヌ・テーゼ」と言われるもので、実に見事な分析です。

このような彼の構想は、初期の研究『ベルギー史』全六巻によって経済上の国際的交易活動にもとづくヨーロッパ内部の社会的発展について実証したこと、および第一次世界大戦時にドイツで抑留生活を強いられたときの共同生活の体験によって国境や民族を超えたヨーロッパ文化・社会の共通性を確信したことから発しています。彼によるとヨーロッパの社会的統一はゲルマン民族の移動によっては何ら損なわれることなく、ローマ帝国の版図は北欧において失われましたが、それでもゲルマンの諸王はローマの存続を願っており、ローマ人と積極的に融合を果たし、経済的にも地中海貿易によって一つの世界を保ちました。彼らはローマ人になりたかったのです。

しかしこのローマの統一を完全に破壊したのは、イスラムの進出でした。彼はこのことについて次のように発言しました。

ゲルマン民族の侵入がそのまま残しておいた地中海的統一を、イスラムが破砕し去った。このことは、ポエニ戦役以後のヨーロッパ史上に起こった最も重要な出来事であった。古代の伝統の終焉《しゅうえん》であり、中世の開幕であった。そしてそれはヨーロッパがまさにビザンツ化しようとした瞬間に起こったのである（『ヨーロッパ世界の誕生』中村・佐々木訳、創文社、二二八—二二九頁）。

この変化をピレンヌは政治、経済、文化の側面から歴史的に考察し、メロヴィング王朝とカロリング王朝との対比によって見事に叙述しました。こうして形成された中世封建社会はヨーロッパの統一世界を形造っており、弱体化した王権のもとに領主の割拠と教会司教領の拡大を伴いながら、広大な「キリスト教共同体」を成立させました。

その他にもこの時代に関する優れた研究がいっそう進展し、たとえばドプシュ『ヨーロッパ文化発展の経済的社会的基礎』（野崎・石川・中村訳、創文社、原書一九二三—二四年）が発表され、古代の帝政時代より中世のカール大帝にかけての複雑で多様な発展過程が経済学的分析によって総合的に解き明かされました。また増田四郎『西洋中世世界の成立』（岩波書店、一九五〇年）はピレンヌやドプシュの影響のもとヨーロッパ中世世界の成立を進展させました。なお文化面ではハスキンズ『一二世紀ルネサンス』（別宮・朝倉訳、みすず書房、原書初版一九二七年）が優れており、従来の暗黒時代という中世像を一八〇度転換し、一二世紀のルネサンス文化を総合的に叙述する古典的研究となりました。なお、伊東俊太郎『比較文明』（東京大学出版会、一九八五年）と『一二世紀ルネサンス』（岩波書店、一九九三年）は西欧世界へのアラビア文明の影響を強調した優れた研究です。

第二章　キリスト教とギリシア文化との交流

第一章ではヨーロッパ文化の特徴はギリシア文化とキリスト教との交流から形成されてきたことに求められる点をわたしたちは学びました。次にこの文化交流が歴史を遡ってどのように生じたのかを考えてみましょう。もちろんそれはキリスト教を基礎とも土台ともして古代社会の要請に応える仕方で、歴史的な発展をとげました。ですが、その全体を概観することはとても困難であり、簡単には要約できないので、ここでは、まずキリスト教と異文化との接触を辿ってから、重要な問題点を指摘してみましょう。

わたしたちはこの交流の歩みを三つの時代と領域にわけて考察することができます。最初はヘレニズム文化と交流する時代であって、それはすでに旧約聖書の知恵文学に始まっている点については述べました。つづいて、新約聖書の背景に存在していたグノーシス思想との対決が示され、二世紀ごろになるとヘレニズム文化はプラトン哲学として登場するようになりました。こうして両文化の交流が始まりました。その過程を説明してみましょう。

1　ギリシア文化との交流

二世紀の中葉からキリスト教とヘレニズム文化との交流がいっそう進展し、やがて両者の対決が不可避的になってきました。この交流は使徒たちの後の教父たち、たとえば一世紀の終わりから二世紀の初めに活躍した教父、ローマの長老クレメンスやシリアのアンテオケの司教イグナティオスの思想を見るとよく分かります。この交流は次第に深まり、教会の主流を形成するようになりました。こうした潮流を有名な教会史家アドルフ・ハルナックは「福音のギリシア化」と呼びました。

福音のギリシア化　　もちろん、このような交流によって福音の本質が覆われてしまったので、キリスト教にとっては不幸な出来事であるといえましょう。しかし、よく考えてみるとギリシア的な合理的精神によって素朴な福音信仰が理性的に反省され把握されておりますから、現代の宗教哲学者パウル・ティリッヒが主張したような「聖書宗教の基礎に立つ存在問題の採用」として積極的にこれを評価することもできます。この運動に対するハルナックとティリッヒの解釈と評価とは対立してしていますが、ギリシア古典文化との交流がキリスト教に新しい進展をもたらしたことは事実です。

さらに二世紀の後半になりますとヘレニズム時代の宗教思想であったグノーシス（知的な救済の知識）によってキリスト教を解釈したグノーシス主義が勢いを得てきました。これらのキリスト教グノーシス主義という異端分派との対決によってキリスト教は新しく思想的に展開することになりますが、この時代にはローマ帝国によるキリスト教の迫害が一段と強化されるようになりました。

この弾圧に対抗してキリスト教の真理を弁護し、道徳生活における健全性を弁明し、かつ、異端を論駁する護教家がこの時代に多数登場してきました。この思想家たちは一般に学問上「弁証家」（アポロゲーテン）と呼ばれます。二世紀にはアリスティデス、ユスティノス、タティアノス、アテナゴラス、テオフィロスが、三世紀にはテルトゥリアヌス、エイレナイオス、クレメンス、オリゲネスが、四世紀にはアタナシオスとアンブロシウスなどが、そして五世紀にはアウグスティヌスが、それぞれ代表的弁証家として活躍しました。ここでは二世紀のユスティノスをその典型として紹介してみましょう。

2　護教家ユスティノスとプラトン主義

ユスティノス（一〇〇年頃—一六五年頃）はパレスチナに生まれ、ギリシア哲学とくにプラトンの影響を受け、イデアの神秘的直観にいたろうとしましたが、啓示による方法もあることを知って、キリスト教に入信し、この時代を代表する思想家となりました。ですが、マルクス・アウレリウス皇帝の治下に迫害を受けて殉教しました。彼は一生の間「哲学の衣」を脱ぎ捨てなかったように、キリスト教を「安全で有益な哲学」として説きました。

彼によってキリストは神のロゴスを完全に実現し、人間化された真理であると解釈され、プラトンも同じロゴスにしたがい、不完全ではあるが真理を語ったと説かれました。そこから、プラトン哲学はキリスト教にいたる準備段階であるとみなされ、ロゴスを完全に実現しているキリスト教を迫害することの誤りを指摘したのです。

こうした主張はギリシア哲学によってキリスト教を基礎づけ、キリスト教を当時の時代に適応させ、ギリシア化するものでした。彼によって「キリスト」は、もはやユダヤ的な「メシア」（救世主）に代わってギリシア思想の本質を表明する「ロゴス」（言葉・言論）として説かれました。こうして彼は世界を知性界と感性界とに二分し、知性界の原理であるロゴスが感性界に「受肉する」と説くようになりました。「メシア」という言葉には民族をその苦難から救済するという「連帯」の意味が含まれていました。それゆえ、ヨハネ福音書の冒頭で用いられている「言」(ロゴス)が「神の力」を意味し、非哲学的な意味で考えられていたのに対し、プラトン主義者がキリスト教に回心することによって、天上界のロゴスが地にくだって受肉したと説かれたのです。このことをドイツの教義史家ハルナックは、その著作『キリスト教の本質』のなかで次のように説いています。

ロゴスをキリストと同一視したことは、ギリシア哲学と使徒の遺産とを融合する決定的な点となり、ギリシアの思想家たちを使徒の信仰に連れてきた。わたしたちの多くの者にとってこの同一視は受け入れがたい。なぜなら〔ギリシア〕世界と倫理についての思考はわたしたちを実在するロゴスに導かないからである。この〔思考〕形式は当時の人々の興味を吸収し、福音の単純さから人々の心を分離させ、福音をさらに著しく宗教哲学に変えたのである(『キリスト教の本質』山谷省吾訳、岩波文庫、二〇四頁)。

しかし、弁証家たちの哲学は、グノーシス主義とは相違して、まずキリスト教の基本信条を信じた上でそれを哲学的に弁明したのですから、やがて異端論駁への道を開拓したので、先にティリッヒが指摘したように、キリスト教信仰を理性的に把握する試みであったと言えます。

3　ニカイア公会議と三位一体の教義

さて、神を父・子・聖霊の三位一体として説くことは、神と人間との交わりを説くキリスト教の神の観念にとってとても重要な教えとなります。新約聖書の中にはすでに萌芽として三位一体の考えが見いだされますが、それはまだ明白な教説となっていません。古代ではユダヤ教は厳格な一神論であり、異教は多神教でした。キリスト教はユダヤ教から一神教を伝統として受け継いだのですから、神の他にキリストを神とすることは多神教に転落するように考えられました。その結果、一神教の伝統に立ってキリストを神とみなさないような異端が多く出現するようになりました。こうした異端思想との対決からキリスト教の最大の教義である三位一体が確立されるようになりました。

この種の異端にはグノーシス主義の異端、キリスト仮現説、モナルキア主義（養子説とサベリウス主義）その他があったのですが。その中でも最大の異端はアレイオス主義でした。このアレイオスはアレキサンドリアの司教でもあって、三世紀の最大の弁証家オリゲネスの説いたキリストの父への「従属説」をさらに徹底させて、キリストを神と同一視することを否定しました。この一派による異端と分離の運動は当時のキリスト教の最大の係争点となり、これを解決すべくローマのコンスタンティウス大帝によってニカイアの公会議（三二五年）が開催され、三百人の司教が召集されました。この会議によって「ニカイア信条」が定められましたが、その本文は次の通りです。

われわれは信ず、全能の父、すべて見えるものと見えないものの創造主である神を。神の子、われわれの主イエス・キリスト、すなわち父の本性より神のひとり子として生まれ、神からの神、光からの光、まことの神からのまことの神、作られずして生まれ父と同一実体である。天と地にあるすべてのものは彼によって造られた。われわれ人間とわれわれの救いのために下り、受肉し人となり、苦しみ、三日目に復活し、天に昇って、生者と死者を裁くために来るであろう。また聖霊をわれわれは信ず（デンツィンガー・シェーンメッツアー『カトリック教会文書資料集』浜寛五郎訳、エンデルレ書店、一九八五年、二七頁）。

さらにキリスト自身をどのように理解すべきかという問題も興ってきて、カルケドン公会議（四五一年）が開かれ、「キリスト」は「一つのペルソナの中に二つの性質」をもち、二つの性質は交流していると定められました。こうして「使徒信条」が作成され、古代教会の共通な教義として認められ、今日にいたるまで正統信仰の基礎として全世界のキリスト教会によって次のように告白されるようになりました。

我は天地の造り主、全能の父なる神を信ず。我はその独り子、我らの主、イエス・キリストを信ず。主は聖霊によりてやどり、処女マリヤより生れ、ポンテオ・ピラトのもとに苦しみを受け、十字架につけられ、死にて葬られ、陰府にくだり、三日目に死人のうちよりよみがえり、天に昇り、全能の父なる神の右に座したまへり、かしこより来たりて、生ける者と死ねる者とを審きたまはん。我は聖霊を信ず、聖なる公同の教会、聖徒の交はり、罪の赦し、身体のよみがえり、永遠の命を信ず。　アーメン。

これはキリスト教の教えの全体を的確に表明しており、古代キリスト教会の最大の成果と貢献であるといえます。しかしこのような三位一体の教義は信仰のない人たちのなかでも哲学的に思考した人たちには理解できず、とりわけアレイオスとの論争は一般にはアリウス論争として有名になりました。このような文化交流の歩みを見ますと、アウグスティヌスがもっとも重要な人物であることが判明します。この点は次章で考察したいと思います。

第三章　アウグスティヌスと世紀の回心

わたしは学会などで、時折、どうしてアウグスティヌスとルターの研究を始めたのかと質問されることがありました。それに対してわたしたちの若かったころの時代の要請から関心と問題意識を感じたのです、と答え、敗戦の悲惨な状態からどうしたら国家と文化とを再建できるかという、当時の問題意識のお話しをしました。そうしてから今日には新しい時代の要請がありますから、どのような関心によってヨーロッパ思想史が学ばれるかによって、新しい視点から何が重要な問題であるかを感じながら新しい問題を提起することができますと答えました。こうして自分自身が感じている問題意識から新しいヨーロッパ思想史を学ぶことになります。

ギリシア文化の影響を受けて古代イスラエルには知恵文学が誕生しました。当時の恋愛歌である「雅歌」や「コヘレトの言葉」には知恵を探求していって挫折した嘆きの言葉が満ちています。コヘレトは言う「何という空しさ」、「すべての労苦も何になろう」、「天の下に起こることをすべて知ろうと熱心に探求し、知恵を尽くして調べた」、「知恵が深まれば悩みも深まり、知識が増せば痛みもます」（一・一二―二〇）と。

このような知的絶望にもかかわらずイスラエル人は永遠者を求めてやみません。それはコヘレトによると永遠者によって「定められた時」や「ふさわしい時」（八・六）に人生の意味を探求するようになるからです。ですから「神はすべてを時宜にかなうように造り、また、永遠を思う心を人に与えられる」（三・一一）と説かれます。それはわたしたちが適切に時宜に適うように行動しながら、そのように創造された永遠者を探求するためです。確かに彼らの時代にはこのように永遠者を探求する態度が行き渡っていました。

さらに古代教会になると、教義学上の最大の主題として「受肉の問題」が起こってきて、ここから三位一体論とキリスト論の教義が生まれました。このように受肉を中心に神学が形成されたのは、その時代には永遠的なものに与ることへの関心と渇望が人々の心に行き渡っていたからです。そこではプラトン主義が重要な役割を果たし、キリスト教とは異質であったにもかかわらず、そこに息づいていた永遠への志向のゆえにそれは一般に受容され、「キリスト教的プラトン主義」という特徴的な思想を形成しました。ですからキリスト教社会では永遠なものに対する熱望から思索が始まったのです。その有様はアウグスティヌスの回心物語に見事に表明され、それは「世紀の回心」とも言われました。

1　『告白録』は「不安な心」が回心した物語である

この書の冒頭には彼の作品の全体が解明されうる鍵となる言葉「心の不安」が次のように語られ、キリスト教的な信仰＝霊性の本質とその動態も明瞭に示されます。

「主よ、あなたは偉大であって、大いに誉め讃えられるべきである。あなたの力は大きく、その知恵ははかりがたい」（詩編一四五・三、一四七・五）。しかも人間は、あなたの被造物の小さな一断片でありながらも、あなたを讃えようと欲する。人間は自分の死の性を身に負い、自分の罪の証拠と、あなたが「高ぶるものを退けたもう」（ペテロⅠ・五・五、ヤコブ四・六）ことの証拠を、身に帯びてさ迷い歩いている。それにもかかわらず人間は、あなたの被造物の小さな一断片として、あなたを讃えようと欲する。喜びをもってあなたを讃えるように励ますのはあなた自身である。なぜなら、あなたはわたしたちをあなたに向けて造りたまい、あなたのうちに憩うまで、わたしたちの心は不安に駆られるから（『告白録』一・一・一）。

少しだけこの文章を説明してみましょう。彼は、最初、旧約聖書の「詩編」を引用し、神の偉大さを高らかに讃美していますが、次にその偉大さを人間の卑小さと対比させて、神と人との絶対的距離を知るように導きます。人間の卑小さは「あなたの被造物の小さな一断片」という言葉に適切にも示されます。しかしこの卑小さは、後年パスカルが『パンセ』のなかで宇宙の無限空間と対置してとらえた人間のはかなさと似ていますが、実はとても相違しています（「この無限空間の永遠の沈黙は私を恐怖させる」『パンセ』B206、L201。参照）。ですが、宇宙と人間との対比はたとえその差が無限に大きいとしても、単なる「差異」にすぎません。この差異は対立の程度が弱く、相対的なものにとどまっています。それに対しアウグスティヌスはここで、人間がその一断片である「被造物」と「創造者」との対立を考えています。そうすると宇宙内部での相対的な対比の段階を超えた高度の対立がそこに語られていることが判明します。

ところで被造物が創造者の意志に従うかぎり、意志の一致のゆえに両者の間の対立は、ほとんど意識されません。この対立がはっきりと意識されるようになるのは、人間の意志が「高ぶり」によって創造者に反逆し、「罪」を犯すときです。このとき神は「高ぶるものを退けたもう」とあるように、神と罪人との対立は最高度に達し、絶対的な断絶となります。この状態はここでは罪の結果引き寄せた「死の性《さが》」と「罪の証拠」および高慢を退ける神の審判として述べられています。それゆえ人間はこのような悲惨な堕落した状態にあって、その中を「さ迷い歩いている」と告白されています。

ところでこのような神と人との絶対的断絶は両者の関係の廃棄を意味するのでしょうか。「それにもかかわらず」という言葉は、絶対的断絶を認めたうえでの関係の回復を示唆します。この回復が生じるためには、まず人間の自己のありのままの姿が率直に認められなければなりません。それはここでは「あなたの被造物の小さな一断片」と書かれている自己認識なのです。この認識は同時に自己の創造者に対する賛美を含んでいますが、自己の犯した罪の重荷のゆえに賛美の声は声にならないほどか細いです。ですからただ神からの力強い励ましによってのみ「喜びをもってあなたを讃える」ことができます。

こうしてアウグスティヌスの有名な言葉が語られます。「あなたはわたしたちをあなたに向けて造りたまい、あなたのうちに憩うまで、わたしたちの心は不安に駆られる」と。ここに「神への対向性」が起こってきます。この心の運動こそその内心である霊の働きであって、わたしたちはそれを「神への対向性」として初めからもっていることになります。

アウグスティヌスはこの「不安な心」によって彼の苦悩に満ちた病める心を表現しています。しかも、それは自分が苦悩や悲惨な状態にあるばかりでなく、矛盾や謎を秘めた存在であることを意味しています。ですから彼は「わたし自身がわたしにとって大きな謎になった」(前掲書四・四・九)と告白します。ここで「謎」(quaestio)というのは「問題」のことで、いまや人間が大問題となってきたのです。この謎は理性の光も届かない人間の心における深淵でもあります。だから「人間そのものが大きな深淵である」(前掲書四・一四・二二)と告白されます。彼は人間そのもの、また人間の心の計り知れない深みの前に立ち、驚異の念に打たれました(前掲書一〇・八・一五)。ここに新しい思想の出発点があったと言えましょう。

このような心の内的な危機はどのようにして生じ、どのように彼はそこから救われたのでしょうか。これこそ悪と転生の物語、つまり彼の回心物語を作り出しました。それはどのように起こったのでしょうか。そこには次のような興味深い、時代を転換させるような回心物語が語られています。

(1)アウグスティヌスはカルタゴの弁論学校で学習の順序に従って読んだキケロの『ホルテンシウス』によって「内心の分裂」から始まる哲学への回心を経験します(前掲訳書一〇・八・一五)。

(2)これを解決しようと思ってマニ教という新興宗教の虜となります。彼はじつに九年間ものあいだ信者の生活を続けます。またこの派の推薦状をもらってローマの首都ミラノで、弁論術の教師となります。

（３）ミラノで新プラトン主義者となり、プラトン主義によって神秘的な体験をします。しかしそれは一瞬の出来事であって、そこから突き放されます。

（４）ミラノの司教アンブロシウスによって彼は回心するようになります。

このような経験が『告白録』で見事に書き記されています。彼は時代の流行であったプラトン主義によって教育されますが、挫折を経験し、キリスト教に回心し、それが世紀的な出来事となりました。しかし、彼はギリシア思想からキリスト教に回心することによって両文化を統合する道を歩むことになります。わたしは高校生のころ、この書を読んで、実に深い感銘を受けました。このようにしてヨーロッパの思想史を学び始めました。皆さんもご自分でこの著作を読んでみませんか。

第四章　中世思想の意義

「中世」（Medieval Age）という言葉は、前にも言いましたように、古代と近代との「中間の時代」を言います。この時代区分は古代の終わりと近代の始まりの確定によって決定されます。古代ローマ帝国の崩壊はゲルマン、フランク、ブルグンド、東西ゴートなどの諸民族のローマへの侵入に始まります。それは西ローマが滅亡した四一〇年に起こりました。その時代にアウグスティヌスは司教として活躍しており、この侵略の責任が」キリスト教に向けられたのに対し、彼は有名な『神の国』という超大作をもって答えました。ですからそこから中世への最初の第一歩が始まっているとも言えます。ですが、やがてゲルマン民族がキリスト教を受け入れて、教化されました。こうしてギリシア・ローマの古典文化とキリスト教との総合に立った「統一文化」が形成され、「ヨーロッパ」という政治的・文化的統一体が成立するにいたったのです。こうして二つの文化を総合することからヨーロッパの思想が興ってきます。

1　権力構造、王権と教権

ヨーロッパ文化の歴史は古代とは相違して政治権力と教会の権力との二つの権力の関係から生まれています。これが中世社会の基本的構造であって、こうしたことは古代の末期に活躍したアウグスティヌスの時代には二つの権力の間に力の譲渡の関係はありませんでした。ですが教会も中世に入ると次第に政治力と経済力とを強めていきましたが、フランク王カール大帝と教会との関係には未だ分裂の兆しも見えませんでした。だがこうした蜜月は数世代の後には破れる運命にありました。そこには教会の俗権からの離脱が、一〇―一一世紀にわたる叙任権闘争と呼ばれる出来事によって起こり、次いで福音運動やトルバドゥール（吟遊詩人）の活躍などに見られる個々人の思想によって、教会組織からの離脱が起こってきます。つまり先の教権の俗権からの独立は、教会内部における原始キリスト教精神への復帰をめざす運動を呼び起こしました。こうして中世思想は総じて俗権力から独立しはじめ、やがてある程度の優位を保つことになりました。ここに西ヨーロッパ文化の特質がかなり明瞭となりはじめます。それに対し東方教会では皇帝・教皇主義からの完全な脱却が行われず、教権と俗権との癒着が起こりました。このことはロシア革命でも同様な傾向が見られました。それに対しヨーロッパ精神はやがて近代に入ると教会から独立しますが、精神の自律性は中世を通じて教会から派生した大学の組織によって維持されたため、思想の背景に教会との関係が見られます。

中世文化は王権の主導によって開幕しました。八―九世紀にかけてフランク族によって西ヨーロッパはある程度の統一と安定を示しつつ、独自の文化が芽生えてきます。こうしてカロリング・ルネサンスと呼ばれる文化政策が実施され、カール大帝によってアルクイン（Alcuin, 七三〇頃―八〇四）がイギリスから招かれ、七つの自由学科、アウグスティヌスを中心とするラテン教父の文化的伝統が西欧に導き入れられ、またフランク王国の教育制度が整えられました。

当時の思想家として頭角を現していたのはヨハネス・スコトゥス・エリウゲナ（Johanes Scotus Eriugena, 八一〇頃―八七七頃）であり、彼はアイルランドの出身で、カール禿頭王によって迎えられ、大著『自然の区分について』では東西の聖俗にわたる多くの思想を神秘主義的な思想によって総合しました。そこには世界を神の顕現とみる自然神学的な傾向が認められます。しかし西方のように教会と人間の内面性とを重視するのではなく、東方的な神秘的な傾向のゆえに新プラトン主義の嫌疑をかけられ、正しくは評価されませんでした。

こうして六―九世紀にかけてゲルマン諸族はローマ化し、ローマもその領地を次第に放棄し、ゲルマン化していきました。この間の指導者層でもローマ人とフランク人とが入り交じり、次第に後者が勢力を強めていきます。当時のフランク教会の聖職者は文化の担い手として国家の要職を兼務し、他方国王は教会の立法や行政にも関与しており、教会から独立性を保っていました。中世の初期はこうした教会・修道院・国家・地方勢力・ローマ教皇との複雑な勢力関係の下にあり、その権力の均衡と調停に多くの時間が費やされたのです。とりわけ高位聖職者の叙任権をめぐる闘争がここから生じ、皇帝の教会に対する権威は否定され、その支配は世俗に限られ、権威としては教会の下位に立つことが確認されました。こうして教権と俗権との分離と調停による統一という中世の基本的構造が成立するようになりました。この間の事情に関してオーギュスタン・ティエリ『メロヴィング王朝史話』(全二巻、小島輝正訳、岩波文庫)が多くのことを伝えています。

またこの時代にはキリスト教古代からはじまった修道生活が発展し、中世文化を生み出す基礎となりました。西方修道者の父とも言われるベネディクトゥスは名高い修道規則を制定し、多くの修道会がこれに倣ってそれぞれの修道規則をつくり、信仰生活を厳格に営みました。その標語「祈り、かつ、働け」こそ中世文化の基礎となったのです。

2　中世スコラ哲学の展開

五世紀から八世紀にいたる思想史には新しい思想の発展は見られず、もっぱら古代学芸の遺産を保護し、ゲルマン諸族の間に伝えることに終始しています。

中世に栄えた中世スコラ哲学は九世紀から一五世紀の前半にわたって展開した思想であって、教会の聖堂や修道院の付属の学院また「学僧たち」（Scholastici）によって説かれた哲学であるため、スコラ哲学またはスコラ学とも言われます。この哲学では公会議によって決定された教会の正統的な教義に忠実な思想家と異端的な思想家とが分けられており、ユダヤ哲学やアヴィケンナやアヴェロエスに代表されるアラビア哲学も含まれます。

一般的には三つの時代に区分されます。①初期の九―一二世紀の成立期には、エリウゲナ、アンセルムス、クレルヴォーのベルナール、アベラールなどが輩出し、②一三世紀の全盛期にはボナヴェントゥラ、トマス・アクィナス、ロジャー・ベーコンなどが活躍し、③後期の一四―五世紀前半にはドゥンス・スコトゥスやオッカムさらにエックハルトやタウラーのような神秘主義者たちが活躍しました。

わたしたちが注目したいのは一二世紀にアリストテレスの受容によって思想の変化が起こったことです。この時期に一二世紀ルネサンスによってアラビアを経由してアリストテレスが導入されると、一三世紀の半ばから神学から独立した哲学および哲学体系が生まれてきました。

大学と教育改革

すでに述べたようにカロリング・ルネサンスではアルクインによって七つの自由学科の体系がゲルマン社会に導入されましたが、彼はこれを哲学の七段階と呼び、精神はこれらの段階を通って聖書の頂上にいたらなければならないと説きました。この流れは原則として一三世紀にいたるまで続きました。こうしてこれまでのアウグスティヌスに発する思想傾向が基本的には変わって、異教的な哲学がキリスト教と総合するようになりました。このように形成された「七つの自由学科」はローマ的な古代の遺産として継承され、そのうち文学の三分野と科学の四分野は言語的な「三学課」（文法・修辞学・弁証法）と科学的な「四学課」（算術・幾何・天文学・音楽）とに分けられました。これもやがて神学が優位だったこれまでの傾向は翻訳によって新たに導入されたアリストテレスの著作や注釈などによってくつがえされました。

他方、西方キリスト教世界とイスラム世界との間に交易や学問上の交流は盛んとなり、一一―

一三世紀にかけて、以前にギリシア語からアラビア語に翻訳された古代ギリシアの学問がアラビア語からラテン語に翻訳されることになり、とりわけアリストテレスの思想が本格的に導入されるようになり、トマス・アクィナス（Thomas Aquinas、一二二五―七四年）の「キリスト教的アリストテレス主義」によって完成されるにいたりました。

⑵　中世思想の流れ――文化総合の試み

中世哲学の基本的特質は聖書によって啓示された信仰内容を理性的に解明していく文化総合の試みです。アンセルムスによって説かれた「理解するために、わたしは信じる」（Credo, ut intelligam）はこの基本姿勢を示しています。信仰内容の合理的な説明を試みるために最初はプラトンと新プラトン主義の哲学が、後にはアラビアを経由して移入されたアリストテレスの哲学が積極的に受容されました。このことは、同時に、信仰と理性、神学と哲学、教会と国家との対立をどのように和解させ、調停して、秩序づけるかという問題を生み出し、相互に対立しているものを上下の階層秩序において統一する中世統一文化を構築するようになりました。この思想体系が壮大にして深遠なのは他に類例がなく、一二世紀に始まるゴシック式大聖堂の壮麗な建築とみなすことができます。

(3) 初期スコラ学

まず初期のスコラ神学では「スコラ神学の父」といわれるアンセルムス(Anselmus、一〇三三—一一〇九年)が頭角を現しました。彼は修道院長からカンタベリーの大司教となって教育者としても活躍し、神学と哲学とを統合し、「理解を求める信仰」に立って信仰内容を理性的に解明しました。たとえば『プロスロギオン』における神の存在論的証明では「神はそれよりも大いなるものが決して考えられないものである」と前提した上で、神は思考する人間の理性の中だけでなく、現実の中にも存在するほうがいっそう大きいゆえに、神は存在すると結論しています。

また彼の主著『クール・デウス・ホモ』(神はなぜ人と成られたか)でも受肉を理性的に解明し、神と人との関係は神の意志に人間の意志が服従するときに正しく、そこに神の栄誉が存在するとまず規定します。ですがこの栄誉を神に帰さない者は神の名誉を毀損し、罪を犯しているので神から奪った栄誉を神に返さなければなりません。これが贖罪ですが、人間は罪の結果として無力となったのでそれを実現できません。それゆえ、この贖罪は神しかなし得ないのに、人間のみが為すべきであります。したがってそれは神・人によってのみ果たされるとしています。この有名な贖罪論は神の与えた栄誉と正義とを神に返す弁済的性格をもっており、そこには同時に合理的で計算的な特徴もあって、それはエイレナイオスのドラマチックな古典的原罪論と対比して、ラテン的タイプと呼ばれます。

一二世紀の前半には中世初期の代表的神秘主義者クレルヴォーのベルナルドゥス（Bernardus、一〇九〇―一一五三年）が現われます。彼は有名な修道院長であって、教皇政治にも積極的に関与し、第二回十字軍を提唱する実践家でもありました。彼は思想的にはキリストとの神秘的一致に生きた神秘主義者であって、『謙虚と傲慢の諸段階』で罪の堕落を説き、自己に頼まず、真理であるキリストに付くことを説きました。また有名な『雅歌の説教』ではキリストを花婿とし魂を花嫁として、両者の神秘的合一を説く花嫁神秘主義の創始者となりました。

⑷　盛期のスコラ学

一三世紀という中世の盛期にはボナヴェントゥラとトマス・アクィナスが登場し、中世哲学の頂点を究める偉大な思想体系を形成しました。

ボナヴェントゥラ（Bonaventura、一二二一―七四年）は聖フランチェスコの精神と生活から強い影響を受けた神秘神学を展開させ、フランシスコ会を代表する神学者となり、この会の伝統に立って神秘主義的な著作を多く著しました。なかでも世界や自己の内にある神の痕跡を通し、また恩恵によって回復した神の似姿や存在としての神、さらに三位一体の秘義によって上昇する

『霊魂の神への道程』や、浄化・照明・完成の三つの方法による「神秘神学のスンマ」と言われる『三様の道』が有名です。とりわけ彼は人間の意志を中心に思索したため主意主義と称せられ、トマスと対立した立場を採りました。

スコラ哲学最大の巨峰トマス・アクィナス（Thomas Aquinas、一二二五―七四年）の神学体系はアウグスティヌスの伝統をアリストテレスの哲学によって解釈することによって構築されました。それは超大作『神学大全』で実現されました。そこには「恩恵は自然を破壊せず、かえってこれを完成する」という命題によって信仰と理性、啓示神学と自然神学と哲学が区別されながらも調和的な統一をなすものとして説かれました。とくに啓示の真理には信仰よりも理性による解明のほうに価値があるものがあって、たとえば神の存在証明・事物の起源・万物の創造主への帰趨などを説く自然神学は、啓示神学とともに彼が深く究明した分野です。こうして神学により全体として方向づけられている終局目的を目指し、理性によって一歩一歩近づいていくところに哲学に対する神学の優位があり、哲学は神学の召使とも言われます。そこには理性と信仰とが区別されながらも階層的に秩序づけられています。ここに中世統一文化の哲学的表現が見られ、古代文化とキリスト教との統合がめざされました。

(5)　スコラ学の解体とドイツ神秘主義

しかしトマスの哲学体系には当時から批判者も多く、なかでもヨハンネス・ドゥンス・スコトゥス（Joannes Duns Scotus、一二八五―一三四九年）がいます。その学派は実践的で倫理的な思想によってトマスの主知主義を批判し、主意主義の思想を確立しました。このスコトゥスが、意志は本性的に自由であっても、客観的な「正しい理性」と一致することによってよい業を実現すると説きました。それに対し同時代のオッカムのウイリアム（William of Ockham、一二八五頃―一三四九年）になると、自由な意志はいっそうラディカルに主張され、「正しい理性」でさえも意志によって立てられているので、意志に並ぶ同等な根拠にはならない、とみなして主意主義が貫徹されるようになりました。こうしてオッカムは自由な精神と鋭利な論理をもってトマスの哲学や教皇政治を批判し、哲学ではノミナリズム（唯名論）を復興させ、伝統的なスコラ哲学を解体させるようになりました。こうしてアウグスティヌス以来構想されてきたスコラ学の体系は今や解体し始めたのです。また同じ時代にドミニコ会からエックハルト（Eckhart、一二六〇―一三二七年）が現われ、スコトゥスの批判によって打撃を受けたトマスのアリストテレス主義を新プラトン主義によって克服しようとし、ドイツ神秘主義を代表する思想を確立し、それをタウラー（Tauler、一三〇〇頃―六一年）が継承し、近代思想の形成に貢献しました。

第五章　一二世紀ルネサンスとヨーロッパ的愛の誕生

一二世紀がヨーロッパにおけるルネサンスともいえる創造的な時代であったことは、イギリスの中世史家バラクラフの『転換期の歴史』やオランダの文化史家ホイジンガの『文化史の課題』によっても指摘されていました。それを「一二世紀ルネサンス」と命名したのはアメリカの中世史家チャールズ・ホーマー・ハスキンズであり、その著作『一二世紀ルネサンス』によって定着するようになりました。

1　一二世紀ルネサンスの特質

そこではラテン史の復興、ラテン語の純化、ローマ法の復活、歴史記述の復活などが詳細に論究されました。ハスキンズは「一二世紀ルネサンス」について次のように語っています。

この本の題を見て矛盾もはなはだしいと思う人がさぞかし大勢いることだろう。一二世紀にルネサンスとは何ごとだ。あの無知と沈滞と陰惨の時代、中世と、あとに続くイタリア・ルネサンスに見られる光と進歩と自由をくらべてみればまるで天地の差があるではないか。人々がこの仮の世の喜びと美しさと知識にはまるで関心がなく、来世の恐ろしさにばかり目を据えていた中世に、どうしてルネサンスがありえよう（別宮・朝倉訳、みすず書房、一九九三年、はしがきⅰ頁）。

こうした著者自身の言葉に窺えるように過去の中世理解にやがて大転換がもたらされるようになりました。なかでもこの時代にヨーロッパでは都市が勃興し、最初の官僚国家が形成され始めました。まず古代の遺産が再発見され、修道院から大学にいたるまで他に類例を見ないほどの目覚ましい創造的な発展をもたらしました。とりわけ再発見されたラテン語の古典・詩・散文が遊歴書生の新しい押韻詩、「カルミナ・ブラーナ」の聖・俗にわたる愛の詩に復活したのです。また歴史記述も盛んになり、伝記・回想録・宮廷編年史・都市の年代記などの多様な作品が生まれました。さらにローマ法も甦り、ギリシア語・ラテン語からの翻訳は科学と哲学の復興を招来したのです。こうして中世には大学が司教座聖堂付属学校から発展してサレルノ、ボローニャ、パリ、モンペリエ、オックスフォードに大学が誕生しました。さらにこの時代にはラテン語が国際的な共通語として用いられ、それによってヨーロッパ内部での狭い国境を越えた国際的な世界文化が興ってきました。

2　ヨーロッパ的な愛と吟遊詩人トゥルバドゥール

さらにこの時代にはヨーロッパの日常生活にも大きな変化が起こったことを忘れてはなりません。それは社会の上層階級に起こり、宮廷を中心にした生活上の大変化がまず恋愛現象に起こってきて、その生ける姿は一二世紀文学を代表するトゥルバドゥール（吟遊詩人）によって歌われました。その恋愛の特質は、一一世紀の武勲詩『ローランの歌』と比較すると明らかになります。この歌のなかにはイスラムの軍勢が攻めてきたことを角笛を吹いて報せながら死んでいく騎士の魂とその情景が切々と歌われています。騎士が自己の義務を果たして死んでいく崇高な精神が高らかに賛美されていますが、そこには女性に対する愛といったものはありません。ただ粗野で武骨で戦闘的なゲルマンの騎士魂が賛美され、故郷に許婚がいても、死に直面して彼女のことを想起してはいません。当時のゲルマン社会では女性は男性の従属物にすぎず、全身全霊をあげて女性に献身し、人格として尊重することなど未だ生まれていなかったのです。

ところが一二世紀に入ると『トリスタンとイズー』という大傑作が登場し、王妃イズーへの騎士トリスタンの「至純の愛」（フィナモル）が大いに賛美され、婦人の地位が向上するようになりました。その背景には実際生活での婦人の地位の高まりが認められます。ところがこの作品では二人の愛が人里離れた森や荒野でしか実現しないで、実際はトリスタンが他の女性（白い手のイズー）と結婚せざるをえなかったのです。ここに当時の社会生活との衝突が明らかですし、両人の恋愛を喚起させた「媚薬」には衝撃的な運命のもつ不可抗力が認められていても、愛が相互の自由な発意から生じるとは未だ考えられていません。

これに対し南フランスの宮廷的恋愛詩人トゥルバドゥールが登場してきて、新しい愛の観念を創りだしたのです。この変化にはその間に現われた『オーカッサンとニコレット』やアラビアの愛の物語イブン・ダーウードの詩集『花の書』やイブン・ハズムの『鳩の首飾り』さらには大作『アラビアン・ナイト』が影響しているとも考えられます。

この新しい愛について「愛は一二世紀の発明である」と歴史家セニョボスは驚くべき発言をしています。そこには男女の自由な相互的な愛のなかに女性を高貴な存在として崇め、憧れの女性に対して熱烈で謙虚な愛を捧げる姿が見られます。それは宮廷を中心に騎士の間に生じてきた

「女性への献身」という愛の新しい形態に結実し、ルージュモンはこれを「ヨーロッパ的な愛」と呼んでいます。

この「騎士道的愛」とも「宮廷的な愛」とも呼ばれている愛は「きらびやかさ」や「雅び」を重んじ、トゥルバドゥールの恋愛詩によって歌われ、貴婦人に対する「至純の愛」を捧げ、謙譲・礼節・献身・服従を美徳として賛美されました。ですから「トゥルバドゥールの大発見とは、愛が火の流れ、燃え上がる肉欲以外のもの、或いはそれ以上のものになりうるということである」とフランスの歴史家マルーは『トゥルバドゥール』という書物のなかで述べています。この新しい愛の影響は今日の欧米社会に広く、かつ、深く浸透し、婦人を常に大切に扱う礼儀作法となり、ヨーロッパ文化の基礎に定着しています。

この新しい愛は宮廷礼拝堂付き司祭アンドレ・ル・シャプランの『正しい恋愛技術法』（一三世紀初頭の作）によると、次のような特徴が認められています。

① 強制的で義務から結ばれた結婚の夫婦愛とは相違して、新しい愛は突発性と驚きという新鮮さを伴っています。だから「愛する女の出現は恋人の心を驚愕で満たす」と言われます。

② 新しい愛は官能を退けないとしても、愛欲の達成が目的ではなく、女性の存在そのものに専一的に関わる純潔さをめざしています。「真の恋人とは愛する女性の愛を受けること以外

には何も願わぬものである」。

③　至純な愛は持続と良い評判を保ち、心の交わりから口づけと抱擁に進んでも、「最後の快楽は抜きとなる」。

④　それは結婚愛とは区別されます。こう言われます。「わたしたちは愛が二人の結婚にまでその力を延ばさないと決めているし、それを規則として確立している」と。

⑤　心からの愛を強調し、「心底からの愛情に発したものでなければ、愛の神に仕えても意味がないはずである」とこの司祭は説いています。ここにカトリック教会の結婚に対する消極的態度と宮廷的愛とが一致しています。

この愛は恋人を雅びから徳行に導きます。まず恋人の美しさが現世に優る価値として映り、詩人は愛を高い山頂に導いていきます。たとえばある詩人によって次のように歌われています。

「正しい昼の光こそが／すべての明るさに立ち優るように／愛しい方、私には思える、あなたの／美しさ・長所・価値・雅びな心は／この世のすべてのものに立ち優る、と」。

さらにこう歌われています、

「何故なら、愛は罪ではない／それどころか、悪人を善人に変え／善人をより優れた人間に高め／あらゆる人間をして常に善行に／赴かしめる徳なのだ。／そして愛から純潔が生まれる／何故なら、愛の何たるかを心得たものは／もはや邪な振舞いはできぬから」。

こうして人間的な愛が謳歌されただけではなく、時代の宗教的な深まりの影響を受けて宗教的な性格をもつように高められます。そこには個人の意識が芽生えていますが、時代が進むとそれは世俗的なものに変化していきます。このような聖と俗との激しい対立感情こそ中世の生活感情なのです。

3　宮廷的愛の変化と『ばら物語』

吟遊詩人トゥルバドゥールたちによって歌われた愛は、このように敬虔と徳に結びついて、宗教的な色彩を初めにはもっており、中世社会に受け入れられていきます。つまり宮廷的な騎士道が修道生活の理想と結びついて、テンプル騎士団のような宗教騎士団が生まれました。ここに「騎士とその愛人」というテーマが実際の生活のなかから浮かび上がってくるのです。そこでは愛ゆえの英雄行為とか、処女を救う若き英雄といった騎士道愛の主題がうたわれました。そこでは馬上の戦士という男性の力と勇気に対する無上の崇拝であったものが、やがてそこに騎士道思想の核心が露呈してきて、それが「美にまで高められた自負心」であることが判明するようになります。このようにして騎士道の名誉の追求は馬上試合（トーナメント）という装飾過剰な緞帳《どんちょう》に包まれたスポーツに具現し、『アーサー王と円卓の騎士』といった物語が流行するようになりました。

ですが中世文化史家のホイジンガは『中世の秋』のなかでそうした物語の実体を次のように批判しています。「およそ終末の時代には、上流階層の文化生活は、ほとんどまんべんなく遊びと化してしまう。末期中世は、そういう時代であった。現実は重く、きびしく、無情である。そこで、人びとは、騎士道理想の美しい夢へと現実をひきこみ、そこに遊びの世界を築き上げたのだ」（『中世の秋』上、堀越孝一訳、中公文庫、一九七六年、一四九頁）と。

確かにこの時期には宮廷的愛も変貌してゆき、ギヨーム・ド・ロリスとジャン・ド・マン作の『ばら物語』（一二八〇年頃）がそれに新しい内容を注ぎ込むようになりました。この物語はその後二世紀にわたって貴族の恋愛作法を支配し、あらゆる分野における生活指導の百科全書となりました。実に世俗の文化理想が女性への愛の理想と融合したような時代はこの時代しかなかったといえましょう。ここに示されている愛の様式化は、情熱の凶暴な力をして高尚な規則に則って美しい遊びにまで高めており、それを怠ると野蛮に転落することが必ず起こりました。ですからこの書はエロティシズム文化の聖書として活用されたのです。その説くところは「ばら」に象徴される処女性の秘密という強い刺激と技巧をこらし忍耐を重ねてそれを勝ちとる努力です。それゆえ宮廷風の気高い理論がちりばめられていても、その理想は変質し、もはや倫理的でも宗教的でもなく、単に貴族的な愛欲の洗練さだけが残っていたと言えましょう。冒頭では次のように語られます。

これから始めるこの物語には……「愛」の技法の全てがある。上々のテーマだ。私の企てるこの物語がある女性に歓迎されることを神様がお認め下さいますように。大きな値打ちがあり、愛されるに値するほどの方ならば《薔薇》と呼ばれるのが相応しい（『薔薇物語』見目誠訳、未知谷、一九九五年、一〇―一一頁）。

楽園の外壁に描かれている人物像には憎悪、背信、下賎、貪欲、吝嗇、羨望、悲嘆、老年、偽善者、貧困があって、圏外に退けられています。楽園の内に引き入れたのは擬人化した閑暇であり、愉悦がその友です。ここで説かれている徳目は気楽さ、快楽主義、快活さ、愛、美、富、寛大さ、率直、礼儀正しさであっても、それは愛する人の人格を高めるものではなく、愛人を獲得するための手段にすぎません。そこにはもはや女性崇拝は消えており、女性の弱さへの冷酷な軽蔑があるだけです。このように変化したのは愛が官能的性格のものと考えられたことから起こっています。わたしたちはこの書を支配している官能性および教会と聖書をパロディーとして用いる異教性によってルネサンスへの第一歩を見いだすことができるでしょう。

中世末期の生活感情はこのような傾向を示しています。これに対し教会は信仰の指導を試みており、たとえば一五世紀を代表するフランスの神学者ジェルソンは「愛の神秘主義」を提唱し、時代の「性愛の神秘主義」に対決しました。彼はネーデルランドに起こっていた「新しい敬虔」の運動を高く評価し、単なる「感性」だけを強調する時代の傾向に対して「霊性」に立つ神律文化を説きました。こうした「感性」と「霊性」の激しい対立こそ中世文化の特質なのではないでしょうか。

第六章　ルネサンスと宗教改革

近代は一六世紀から始まると一般に理解され、この時代は「ルネサンス」とも呼ばれていますが、それはすでに一五世紀のイタリアに始まっています。この「再生」を意味している言葉はフランスの歴史家ミシュレーが最初に用い、ドイツの歴史家ブルクハルトによって「世界と人間の発見」という意味が与えられて、今日一般に使われるようになりました。その意味内容が宗教的なものか、それとも自然主義的なものかと長いこと論じられてきましたが、ルネサンス時代のヒューマニストたちは古典に親しみながらもキリスト教信仰を堅持しており、宗教改革も信仰の復興、つまり信仰のルネサンスですから、ルネサンスと宗教改革はともに近代初頭の人間像を共有しています。わたしたちはこの時代に共通している人間像の特質を「人間の尊厳」という主題によって捉えることができます。

このような人間観の根底には自我の強烈な目覚めと自覚が起こっており、これがやがて神からも離れて自律していくようになります。こうして生まれる近代的な自我は、神だけでなく自然や社会からも離れ、また他者との関係をも断ち切って、自らの理性という「主観性」によって自律し、ついには自己を絶対視するまでに変化していきました。これはまた近代ヨーロッパ思想史の必然的歩みでもあったのです。

このルネサンスの最初の芽生えは、一四世紀にまで遡って考察することができます。この時代にキケロやセネカの古典的ヒューマニズムの復興がおこり、それは発展していって古典文献学が生まれてきました。その頃からギリシア・ラテンの古典文学の教師や学徒たちは古くから「フマニスタ」(humanista)と呼ばれ、古典文学と結びついた文体や思想表現にみられる典雅・適切・単純・明晰という一般的特質に加えてそこから生じる円満な教養・調和・協力・平和を愛する精神がルネサンス・ヒューマニズムの思想を形成していきました。

とりわけ「ヒューマニズム」(humanism)という表現のなかには既に述べたようにラテン語のフマニタス(humanitas 教養、人間性)が含まれており、中世をとおして培われてきた罪深い存在としての人間ではなく、「より人間的なもの」をギリシア・ローマの古典の「もっと人間的な文芸」(litterae humaniores)の研究を通して求め、かつ、形成することで人間の尊厳を確立することが、共通の思想的主題となりました。このような学問と信仰によって文化の甦りが起こってきました。

1　ペトラルカ、フィッチーノ、ピコ

(1)　ペトラルカと愛

一四世紀の中葉に活躍した桂冠詩人ペトラルカ（一三〇四—七四年）によって初期イタリア・ルネサンスの思想が始まりました。ダンテが思想的にトマスに依存し神学的であったのに対し、ペトラルカにおける恋人ラウラへの愛はいっそう現世的で人間的になっています。彼は『わが秘密』で語っているように、人間的なものを激しく願望し、探求していますが、それによっては決して満たされず、深い憂愁に陥り、やがて宗教を求めはじめます。そのため彼の思想はフマニタスが高まるに応じて宗教性を深めてゆくことになります。したがって彼は自分の苦悩の解決を求めて、キケロやセネカのみならず、アウグスティヌスからも学んでいますが、ストア主義の説く知者にもアウグスティヌスの力説する恩恵にも満足しないで、自己の苦悩に没頭しながら、苦悩する魂のなかで新しい自立と充実と豊かな生を見いだします。つまり自己のうちに深まりながらも自分を超え出ることなく、叙情的にかつドラマチックに自分の心の状況を表現しています。こ

のような自己の体験に基づいてキリスト教信仰が新たに受容されました。そこにヨーロッパ文化のあのギリシア・ローマの古典とキリスト教との総合を求めていきます。

この間の事情は『宗教的閑暇』で次のように述べられています。「神はたしかに最善のかたである。だが、わたしは最悪のものである。こんなに大きな矛盾するもののあいだでどんな釣合があろうか。最善のあのかたからは嫉妬が全く遠のいているのを、教会の権威だけではなく、プラトンの主張によっても、わたしは知っている。それに対し不義がいかに固くわたしを拘束しているかもわかっている。……神には不可能なことがないのに、わたしはかくも大きな罪の重みに制圧されて立ち上がることができない。神には救う力があるというのに、わたしは救われえないのである」（近藤恒一『ペトラルカ研究』創文社、一九八六年参照）。

このペトラルカのキリスト教的ヒューマニズムの思想は、その後ヴァッラやフィチーノ、ピコ・デラ・ミランドラ、エラスムスに継承され、発展していきます。

(2)　フィチーノのプラトン主義

次にルネサンスにおける古典哲学の復興について考えてみましょう。そのなかでも代表的な例を一五世紀後半に活躍したフィレンツェのプラトン主義者フィチーノ（一四三三―九九年）によって考察してみましょう。彼はプラトンの全著作をラテン語に訳し、『饗宴』と『ピレボス』の注解書を書き、大作『プラトン神学』を完成させました。彼もルネサンス的人間の尊厳という主題を追求しています。人間は身体と霊魂とによって物体界と知性界との中間に位置を占め、神や天使の下にあっても、物質の上に立っています。ですから人間の霊魂は上なる知性界に関わり、神との類似性をもち、神にいたろうとし、善をすべて達成しようとします。霊魂の働きのなかで意志よりも知性が優位していると説くところに彼のプラトン主義の特質が示されています。彼の説では人間の知性や理性は身体や物体に依存しないで知性界に向かい、神の無限の完全性に近づくことができます。ここに人間の尊厳があるとしても、実はこのもっとも高い頂において自分の不完全性を人は知るようになります。なぜなら人間はその自由意志によって自然の秩序に違反し、意志の混乱が生じるからです。しかし神学者たちが主張するように神の力は霊魂を神の方に動かしています。ですが霊魂は虚弱な身体にとどまるかぎり、あらゆる事物を必要とするため、精神は不安で悲惨です。こうして霊魂は幸福を願望し、天上的な身体を与えられるように願いますが、それを実現するのはキリスト教という宗教です。ここに文化総合として哲学と宗教との一致があると、彼は説いています。

(3)　ピコの「人間の尊厳」

このようなフィチーノの思想は同時代人のピコ・デラ・ミランドラ（一四六三―九四年）によってさらに発展しました。ピコはギリシア哲学のみならず、ヘブル語で旧約聖書に親しみ、スコラ哲学をも修得し、キリスト教とギリシア哲学とを知的に調和させ、総合させようと試み、意志の理解でプラトン主義にとどまったフィチーノを超えて、無制限な自由のなかに生の最高の可能性を実現しうる人間の尊厳を説きました。そして彼は人間の自由を説き、人間は自由をまず可能性としてもち、それを自己の意志によって実現する、と主張しました。こうして人間は自己の最高の可能性と最低の可能性との間で決断し、自らを高めて創造しますが、それは堕落の危険を賭けて遂行されます。したがって人間の尊厳は自己の最高の可能性が選択される時にのみ実現されることになります。ピコは『人間の尊厳についての演説』のなかで最初の人アダムが天と地、死すべき者と不死の者との中間におかれ、自己の自由意志によって自己を形成し得ると主張し、神がアダムに次のように語ったといいます。「あなたはいかなる制約によっても抑制されないで、わたしがあなたをその手中においた自由意志にしたがって自己を決定するのだ」と。

こうして人間の尊厳は人間の自由意志によって自己を創造する主体性に求められます。ですから「人間は自分の欲するものとなることができる」。このような自己創造者としての自律的人間像のなかに近代的人間の基本的特質がはっきりと表明されています。しかし彼は自己形成者として人間を造った神の創造の恵みについて語り、この恩恵に正しく対処し、聖なる大望をもって神と合一すべきを説き、それを妨げる内なる心の不和にも触れ、それは道徳哲学や神学によって取り除かれると言います。そのために異教の哲学とキリスト教および諸宗教がこの超越に対し備えられていると述べ、一種の折衷主義に陥っています。こうしてペトラルカで確立されたキリスト教的な土台が弱まり、キリスト教を諸宗教と同じに取らえる相対主義のため、キリスト教人文学も変貌しています。

2　エラスムスの「キリストの哲学」

オランダのロッテルダムの人、エラスムス（一四六六―一五三六年）はイギリスのジョン・コレット（一四六六―一五一九年）を通じて聖書批判の原理とキリスト教ヒューマニズムを学び、一六世紀を代表するヒューマニズムの思想を完成しました。彼は古典古代の言語・表現・文体を愛好し、古代的人間の英知が彼の言葉によって再生し、この「言葉の出来事」によってルネサンスが実現されるようになります。それは『対話集』や『痴愚神礼讃』のような文学作品のみならず、初期の哲学的代表作『エンキリディオン（キリスト教兵士必携）』によっても説いています。そこでの彼の思想上の特色は「キリストの哲学」（philosophia Christi）という主張によって表明しました。

彼はコレットを通して知ったフィレンツェのプラトン主義の影響の下に、哲学とキリスト教とを総合的に捉える方法を確立し、その思想を「キリストの哲学」として提起します。ここにヨーロッパ思想の特質である文化総合が行われました。彼が主張した基本思想は「不可視なものへと可視的なものを整序すること」に置かれ、次のように勧められています。「わたしたちは第五の規則を加えたい。あなたがいつも可視的事物から、それはほとんど不完全であるか、中間的なものであるが、不可視なものへ向かって前進しようと試みるなら、この唯一の規則によって完全な敬虔をあなたが確立するためです」（『エラスムス神学著集』金子晴勇訳、教文館、二〇一六年、八〇頁）と。ここで説かれた人間はプラトンによる魂と身体との区分をもち、プラトンと同様に世界を感覚的世界と知性的世界とに分け、前者から後者への超越を人間の目的となし、これを実行するためにはキリスト教の力に依らなければならないと彼は主張しました。こうしてプラトン主義とキリスト教とが総合的に把握され、キリスト教の真理はプラトン哲学との同一視の上に立てられています。そこから「キリストの哲学」が次のように要約されて説かれました。

この種の哲学は三段論法の中よりも心情の中にあり、論争ではなく生活であり、博識ではなく霊感であり、理性よりも生の変革である。学者になることは少数の者にとって辛うじて成功するが、キリスト者であることや敬虔であることは誰にでもできる。わたしはあえて付言したい、神学者であることは誰にでも可能である、と。さらに最も自然にふさわしいことは、すべての人の心の中に容易に入って行く。キリストが「再生」(renascentia)と呼びたもうた「キリストの哲学」とは良いものとして造られた「自然の回復」でなくて何であろうか。したがってキリストよりも誰も決定的にかつ効果的にこれを伝えた者はいなかった。しかし異教徒の書物のなかにもこの教えに合致する多くのものを見いだすことができる。(『新約聖書への序言』中の「呼びかけ」、前掲訳書、二三五頁)。

キリストの哲学の特質が、「理性よりも生の変革である」点と「良いものとして造られた自然の回復」――そこでの「再生」(レナスケンティア)は後にルネサンスと呼ばれた名称の一つの源泉となっている――とに要約して示されています。

なお、ヨーロッパ全土を爆笑の渦に巻き込んだ不朽の名著『痴愚神礼讃』ではこれまでの彼の哲学と正反対の立場から人間について論じられています。というのは痴愚女神が自己礼讃の愚行によって人生と社会における痴愚が不可欠であると語っており、この女神は文芸の神ミネルヴァのまさに敵役となっています。こうして人々に痴愚と想われているものが実は知恵であり、知恵が逆に痴愚である点が軽妙に摘出され、真の知恵が「健康な痴愚」のなかにあって、うぬぼれた知恵は「純粋な痴愚」にほかならないことが説かれました。このように彼は時代の危険な狂気を察知してこれを鎮め、キリストを信じる者に固有の超越的狂気をも語り、キリスト教世界の再生と改革とを志したのです。

彼はまた政治の主権者が権力に訴えて戦争を起こしている時代の狂気に対してもたえず警告を鳴らし続け、『キリスト教君主論』や『平和の訴え』を著わして、対立抗争し合う諸国家に向けてヒューマニズムの立場から平和と調和とを説きました。これに対し君主も教皇も彼の発言に耳を傾けたため、一六世紀の前半は「エラスムスの世紀」ともいわれるようになりました。こうして彼の思想が時代に内在する対立を調和にもたらした稀なる時代が出現しました。

エラスムスは人間と世界における平和と調和を志すヒューマニズムを説き、言論の力によって戦争と抗争や分裂を避けようと努めました。とりわけ『痴愚神礼賛』では真の知恵が「健康な痴愚」に宿っており、自惚《うめご》れた知恵が「純粋な痴愚」にして死にいたる病であることが軽妙に指摘されました。彼は時代が侵されている痴愚の狂気を古典の精神とキリスト教の力によって救い出そうと試みました。

3　プロテスタンティズムの職業倫理と聖俗革命

ヒューマニズムの運動が当時の知的なエリートの間で起こった文化運動であったのに対し、宗教改革の運動は最初から政治的にヨーロッパ全体に波及する性格をもっていました。それは教皇の宗教上の指導と世俗的な利害とが結び付いた「免罪符」と密接にかかわっていたことに現われています。ローマ教皇庁はルターを破門し、カール五世と共謀して「帝国追放令」に処すれば事態は納まると考えていました。しかし彼がドイツに呼び起こした大きな興奮は治まりませんでした。ルターを支持したドイツの諸侯がシュパイエルの国会で抗議（プロテスト）したことからヨーロッパに起こった改革者はプロテスタントと総称され、その思想はプロテスタンティズムと呼ばれています。

(1)　ルターの宗教改革

ルターの意図したところは何であったでしょうか。それは主として二つの点を含んでいました。

第一に、カトリックの教権の基礎をなす教説、すなわち教皇の決定や宗教会議の決議には直接神の考えが現われている、という教説に反対するものでありました。この教説に対しルターは、教権が聖書に背馳することを主張しました。第二に、ルターは聖書と一致することはすべて存続させようとしたのであって、伝統の全てに反対したのではありません。いわんや、自分の解釈で聖書から構成したような一つの新しい宗教をうちたてようとしたのではない。ルターの本質は、その性格からいって、要するに改革的なものであって、新しい教会を造る意図も最初はなく、ましてや共和政治への革命の意図など抱いていませんでした。それゆえカトリック教会はトリエントの公会議で教義を再検討することによって新たに教会の姿勢を立て直すことができました。

さて、宗教改革者ルターはどのような人間観をもっていたのでしょうか。それは神との関係を信仰によって生きる基本姿勢から生まれたもので、その要点は次のごとくです。

① 信仰義認論

それは神に対し行為の功徳によって義と認められようとする行為義認論と対立しています。つまり能動的義に対立し、神から授けられる受動的義なのです。「この義なる言葉は明らかに〈受動的〉であって、それによって神はあわれみをもって信仰によりわたしたちを義とする、とわたしは理解しはじめた」と彼は自伝的文章で語っています。これが「信仰によるのみ」(sola fide)

という宗教改革の根本主張です。

② キリスト者の自由に関する相対立する二命題

キリスト教的人間の自由について彼は次の二命題によって論じています。「キリスト者はすべての者の上に立つ自由な君主であり、だれにも従属しない」。「キリスト者はすべての者に奉仕する僕であり、だれにでも従属する」。この「自由な君主」と「奉仕する僕」との矛盾は内的な「信仰による義」と外的な「愛による行為」とによって解明されます。この信仰に基づく愛の行為は「神律」(Theonomie)という宗教倫理の特質をもってます。

③「奴隷的意志」

エラスムスのルター批判の書『自由意志論』に対しルターは反論を加え、論争の書『奴隷意志論』を書きました。彼によると日常生活や精神的営みに関しては自由意志の働きは認められるにしても、魂の救済に関しては否定されます。なぜなら人は自由意志による功績によって救われるのではなく、ただ信仰によってのみ義とされるからです。もちろん彼は信仰のうちに神の恩恵を受容する働きを否定しているのではなく、自由意志の働きによって功徳を積み救済に達する説を批判しているのです。

(2)「天職」としての職業の新しい理解

ルターは「職業」にBerufというドイツ語をあてましたが、それは元来「召命」という意味であり、この意味が「職業」に加えられた結果、それは「天職」という意味内容をもつようになりました。こうして聖書の翻訳者の精神によって職業にそれまでなかった新しい意味が与えられて、これにより社会生活に大きな変革が起こったのです。彼が世俗の職業にBerufの訳語を当てた古典的個所は、旧約聖書の「ベン・シラの知恵」(シラ書、共同訳)一一章二〇節「契約をしっかり守り、それに心を向け、自分の務めを果たしながら年老いていけ」であり、ルターのドイツ訳(一五四四年版)はBleibe in Gottes wort und ubi dich drinnen/ und beharre in deinem Beruff.(神の言葉に留まり、そのうちに身を置き、あなたの天職に固く留まりなさい)となっています。ここに「務め」が宗教的な「召命」を意味する訳語に置き換えられて、世俗の職業を神から与えられた「天職」とみなすというルターの職業観が端的に表明されています。これまで通念であった伝統的職業観は、職業の意味を生活を維持する範囲で認めていて、職業に固有な積極的意義を付与してはいません。聖書といえども伝統的な職業観に立っており、「召されたときの身分のままにとどまりなさい」(第一コリント七・一七)という召命の勧告は「主からわけ与えられた分に応じ」各自に授けられた召命であっても、それによって神の栄光に奉仕するといった積極的なものではなかったのです。というのは「定められた時は迫っています」（同七・二九）とありますように、キリストの再臨が近いとの切迫した終末の期待のうちに当時の信徒たちは生きていたため、職業や身分に召命の観念が与えられていても、それ自体には何の変化も生じていなかったからです。

したがって職業観の変化は職業を積極的に天職とみる思想のなかに生じてきました。中世において職業は上下の階層秩序の中に組み込まれており、「聖なる職業」に従事する聖職者たちによって俗世間は支配されていました。この「聖職」という言葉に示されているように、世俗の職業は低いものとして蔑視されていたのであるが、ルターの宗教改革によって世俗から隔離された聖域たる修道院は完全に崩壊し、これによって聖職と世俗の職業との区別は撤廃されるようになったのです。そして世俗的職業の内部における義務の遂行を道徳の最高内容とみなし、世俗的な日常労働に宗教的意義が認められるようになり、神に喜ばれる生活は各人の世俗的地位から要請される義務を遂行することであるとの思想が生まれるにいたったのです。

このような事態はルターの中心思想である信仰義認論から直接導きだされてきています。つまりキリスト者は神に対しては功績となる善行によらないで、ただ「信仰によってのみ」生き、隣人に対しては愛によって喜んで奉仕するように勧められました。その際、人間関係の媒体をなす職業を通して愛を具体的に実践することが道徳的義務とみなされたのです。ここに「世俗—内—

敬虔」とか「世俗―内―道徳」と呼ばれているプロテスタントの倫理的特徴が明瞭に見られるようになりました。

(3)　プロテスタンティズムの職業倫理

ここから起こってくる経済的な変化やさらには社会的変革が強調されるようになりました。マックス・ヴェーバー（M.Weber, 一八六二―一九二〇年）は、宗教的な現世否定の禁欲的精神と魔術からの解放（脱魔術化）としての合理主義の精神とが結びついて、プロテスタント的な独自の職業倫理が形成され、近代産業資本主義の誕生を促進したとみなしています。もちろん彼はルターの中にはこのような職業倫理の萌芽を認めただけであり、カルヴァン派のピューリタンやメソジスト派においてその完成された姿を捉えています。このような職業倫理と資本主義との内的関連を強調することに対しては歴史家トーニーや経済学者のゾンバルト等の反論があって、ヴェーバーの学説はただちに受け入れることはできないが、ルターの職業観が近代ヨーロッパの形成の土台としてどのように大きな意義をもっていたかを解明している点で、その貢献は高く評価されなければなりません。

(4) 世俗化と世俗主義化

このように宗教的な精神が職業のような現世的な形式を通して実現されるようになりました。ここでは世俗的な職業活動によって、つまり信仰による「世俗化」によって聖なるものがどのように実現しているかを考えてみましょう。職業労働は身体を通して行われ、わたしたちの内に宿った聖なる霊が具体的人間関係の中に実現されました。ところで職業もルターの時代頃から急激に変化してきています。つまり信仰に基づく愛の実践の場として職業が天職として理解され、信仰の合法的な結果として「世俗化」は積極的に遂行されました。しかしこの世俗化は資本主義の進行とともに変質し、いわば「世俗主義化」するにいたりました。

このプロセスを聖と俗との関連のなかに入れてみると、次のように言うことができます。ルターの信仰と職業観によって聖なるものが俗のなかに愛を通して深く浸透し、俗を内側から生かすことになりました。こうして聖と俗とが二元論的に上下に分けられた上で、統一されていた中世的な構図が近代にいたると崩壊し、聖が俗のなかに侵入し、俗を通して新たな世界を形成しています。しかし近代がさらに進むと、俗が聖を排除し退けて、自律するようになりました。これは近世のはじめには信仰の行為として生じた「世俗化」と言われていたものが、その信仰の生命の枯渇によって「世俗主義」に変質したからです。その結果、聖俗革命は聖を俗が追放することによって実現しましたが、そのことの帰結が俗の自己破壊を引き起こしたので、この俗をも真に生かす聖の内在化こそ本来の聖俗関係なのです。

第七章　近代世界の三つの理念

ルネサンスと宗教改革の時代は西ヨーロッパ全体の変革期にあたっていました。それは、地理上の発見、自然科学の長足の進歩、個人の自覚の高揚、近代国家の成立、商業の著しい伸張、都市の繁栄、伝統的制度や慣習の改善要求などを見ても明らかです。世界はいまや外的にも内的にも中世的外殻を突破しはじめ、進歩・発展・拡大そのものを解放と感じるような新しい意志が芽生えてきています。それは、コペルニクス（N. Copernicus 一四七三―一五四三年）の地動説に対する熱狂的賛辞や、世界が無限であることを感激的に説くブルーノの（G. Bruno 一五四八―一六〇〇年）学説の中に反映しています。宇宙の無限空間の体験が新しい時代の到来を告げています。このような近代初頭の世界経験は近代的人間の基礎経験であって、そこにはすでに近代世界形成の指導的理念がいくつか暗示されています。

人文主義の運動が頂点に達したとき、エラスムスは一書簡の中で次のように叫んでいます。

不滅の神よ、なんという世紀が私たちの眼前に展開しようとしていることでしょう。若返ることができたらどんなにうれしいことでしょう。

このような精神・文化・知識の若返り、つまり「再生」をルネサンスは意味しています。それは中世世界の解体から発足します。この解体過程は一五、一六世紀を通じて進行し、宗教改革と対抗改革の時代を経て、一七、一八世紀に入ってから初めて明瞭な輪郭をもつ近代的世界像が形づくられるようになりました。

この新しい世界像は一八世紀の啓蒙思想によって広汎な精神運動となって近代思想として結実しました。それゆえ合理主義的啓蒙思潮をもって近代思想が興ってきたと説かれるようになりました。もちろんその時代にはこの近代思想の萌芽が認められますが、中世文化が残存しており、エラスムスの思想も一〇〇年の眠りを経て現実に実現するようになりました。宗教改革は新約聖書に立ち返って中世教権組織と真正面から対決し、新しい時代への転換をもたらしました。とくに宗教改革の結果生まれて来たプロテスタンティズムの倫理は、中世的聖俗二元論からなる倫理を否定し、世俗内倫理を強力に打ちだすことによってやがて近代市民社会とその上に立つ近代思想とを生むにようになったのです。

1　近代的な新しい世界像

このように近代世界もしくは近代的世界像は、神や絶対者から演縛された中世的世界像に対決し、新しい人間の世界経験から導きだされてきました。それは次のような世界の構成要素である自然・人間・文化に関する特徴的な理念に導かれていました。

①　近代自然科学

自然科学の創設者ガリレイ（Galileo Galilei 一五六四―一六四二年）が烈しく抵抗したのは、キリスト教信仰であるよりも、アリストテレスの形而上学から演繹された伝統的自然学であり、ガリレイは自然を自然そのものから探究すべきであると主張しました。ここに明らかなのは、それ自体のうちに根拠をおく自然という理念なのです。このような自然こそ近代人が立っている基盤であって、それはまた健全にして完璧なものとして価値の規範となっています。こうして自然は創造力にとみ、賢く恵み深く、「母なる自然」として讃美されました。

②　近代的主観性

人間はこの自然に所属していても自然の連関の外にでて、これに面して立つ主観です。人間は自然とともに神の被造物ではもはやなく、人間が世界の中心的地位をルネサンス以来占めてきました。この宇宙の中心に立って自律的に世界に向かっている人間の主観性なる理念が、したがって倫理的には自律としての自由の理念が、近代的人間とその思想を決定しているといえます。

③　工作人という特色

さらに近代人の特徴は、ギリシア人の homo sapiens（理性人）に対し、home faber（工作人）であるといわれます。いまや観照的理性人にかわって、かつては物を作る奴隷の仕事であった工作が、そして工作とともに技術が決定的役割を演じるようになりました。ルネサンスの巨匠たち、ことにレオナルド・ダ・ヴィンチ（Leonardo da Vinci 一四五二―一五一九年）は芸術的制作と並行して機械を発明し、工作を促進させました。こうして工作による行為的人間像と人間的な創造的体験の世界が拓かれてきます。すなわち、自然と人間の主観との中間領域がそれ自体の独立性を帯びてきたのです。

これがこの時代に形成された文化の世界であって、ここから固有の規範に従って創造される近代文化の理念が生まれました。この近代的理念に共通しているものが個人の自覚、その自主性と自律的自由であって、近代への移行はこれを通して実現しました。このような個人の自覚は自主独立する個人としての市民という一定の社会的特質と連関しています。ここから近代人の自覚の形態は社会学的構造と関連しながら多様な形態に変化していきました。

2　宗教改革と近代を分かつ深い溝

宗教改革の時代を近代と分かつことを説いたのは神学者のトレルチでした。ですが時代区分を歴史的に実証したのはアメリカの歴史家セオドア・K・ラブです。彼はプリンストン大学出版局から一九七五年に、第二次世界大戦以来のさまざまな歴史研究の成果を集めた書物を著し、ヨーロッパにおける一六、一七世紀の危機について、また一七世紀中葉以後の時代の変革と新しい出発とを解明しました。彼は一七世紀の後半、教派戦争の終わりの段階において、とりわけドイツにおける三〇年戦争（一六一八―四八年）の時代に、全ヨーロッパ史の進展における「深い溝」が生じたという結論を慎重に定式化しました。すなわちこの溝の後、人間学に関して「宗教的な不寛容の後退」によって規定された根本的に新しい態度が生じたと説きました（Th. K. Rabb, The Struggle for Stability in Early Modern Europe,1975, p.81f..　パネンベルク『近代世界とキリスト教』深井智朗訳、五二―五四、一〇三―一〇四頁参照）。

そのとき一七世紀ヨーロッパに起こった変化というのは、人間の共通本性についての新しい思想でした。ラブの功績は、一七世紀の中葉に終わった教派戦争の時代である三〇年戦争を通して近代の開始となる一つの深い切れ目を見出したことです。ここに人間についての新しい態度と理解が、とりわけ宗教的な非寛容の放棄により特徴づけられている態度と理解とが認められます。つまり狭義の近代の開始にとって、一六四二年から四九年までのイギリスのピューリタン革命がもっている時代区分上の意義は、イギリスを越えてこの時代の全てのヨーロッパの歴史にも妥当すると主張しました。したがって宗教戦争によって、人間社会の政治的、法的な生活形態の基盤として宗教が有効であったというような時代が終わりを告げたのです。そこにはあらゆることが人間の本性から説かれる新しい態度が起こってきました。この歴史の裂け目は、社会秩序が制度的に宗教の影響のもとに規定されていた時代が終わったことを意味します。このことは同時に「キリスト教的共同体」の終焉であって、キリスト教的な中世全体の終わりを意味しました。ですからフランス革命（一七八九年）はこのような古い共同体の最終的な終焉を宣告したことになります。

3　伝統社会から近代社会へ

この時代にどのような変化が起こってきたのでしょうか。そこには変革期に見られる大きな変化が見いだされます。近代の黎明期に起こった一大変革によって近代社会の特質が明らかになってきます。ここに始まる近代の胎動はやがて伝統社会から近代社会への大きな移行を生じさせています。伝統社会は古代社会に成立し、種族や民族による共同体を形成していましたが、近代の資本主義の生産様式は労働の合理化による大規模な工場生産を生み出し、産業の工業化によって近代科学技術社会を形成しました。これにより一八世紀の産業革命と政治革命という「革命の時代」を迎えますが、こうした変革の前には「啓蒙の時代」が先行しており、このような社会変動はヨーロッパ思想史に大きな影響を与えました。

この点を明らかにするために、(1)「ルネサンス的万能人＝普遍人」と「宗教改革的職業人」との類型的な比較を試みてみましょう。(2)次に、新しい職業観の内実を「天職としての職業倫理」において検討してから、さらに合理化としての近代化が、(3)「世俗化」を生み出し、職業観の変質をどのように生じさせたかを分析してみたいと思います。そして、(4)「伝統社会と近代社会との現実の関係」が今日どのように類型的に分析され得るかを検討し、最後に変革期に生きる人間としてのあり方を反省してみましょう。

① ルネサンス的万能人と宗教改革的職業人

まず、ルネサンス的人間と宗教改革的人間とを一六世紀の画家デューラーの「メランコリア」と「騎士と死と悪魔」との対比から考察してみましょう。前者からは知的なルネサンス人が絶望に転落していることが告げられています。しかし天空の彼方から光りが指してきて、やがて後者の信仰の騎士がそれに打ち勝っています。こうしてルネサンス的万能人と宗教改革的な職業人が新しい力を発揮するようになりました。またルネサンスの人文主義者たちが大衆から超然とした知的エリートにとどまったのに対し、プロテスタントは新しい社会を形成する力を発揮するようになりました。このことは自我を可能なかぎり拡大していく自由な職業を持たない「普遍人」(uomo universale) というルネサンス的万能人と、職業を天職とみなすプロテスタンティズムの禁欲的職業倫理の対立から、つまり職業観の相違から明らかになります。

② 「天職」としての職業倫理の意義

宗教改革は元来教義の改革を意図して起こったのですが、社会的実践の領域で大きな成果をもたらしました。上述のようにそれはとくに職業観に現われています。職業は元来世俗的なものですが、「職業」（Beruf, calling）という観念が、先に指摘しましたように、聖書の翻訳者ルターの信仰的な精神によって変化するにいたりました。第六章でも述べましたが職業にBeruf（召命＝天職）の訳語を与えることから宗教改革の「社会的生産力」（トレルチ）が生じたのです。

③　信仰の世俗化

このようなルターの職業観はカルヴァン派によって組織化され、ピューリタンの信仰によって完成するようになりました。ここに信仰の積極的な精神と俗世間への関与が見られ、そこに世俗化の肯定的な意義が見いだされます。ところが合理化された労働によって富が蓄積し、生活から禁欲の精神は消え去り、信仰の生命は枯渇しました。勤勉という徳目は変質して「飽くことのない搾取」となり、職業倫理の「精神」は今や「亡霊」に変化してしまいました。これが赤裸々な俗物根性と化した職業観であり、世俗化は一転して否定的な世俗主義に転落していきます。

④　伝統社会と近代社会との関係

近代の科学技術社会は労働過程の合理化の進行によって成立し、伝統社会を変革していきました。この合理化は「呪術からの解放」（ヴェーバー）を伴ってはいましたが、伝統社会を破壊したのでも、その非合理的要素をすべて駆逐したのでもありません。実際には二つの社会は混合しており、どちらの方が優位や支配をもっているかによって社会の性格が決定されます。

近代社会の次にどのような社会が来るのでしょうか。それはわたしたちには判りません。現在の問題は伝統社会の基礎である自然的な共同体の存在意義を再認識し、この自然的地盤に立って初めて近代社会である市民社会も存立している点を確認することです。こうして伝統社会も伝統に固執するのではなく、相互的な対話行為によって近代社会の暴走を抑止するようにその力を発揮するときにきているのではないでしょうか。

第八章　デカルトとパスカル

これから近代ヨーロッパの思想史に入っていきますが、わたしたちがこれまで辿ってきたようにその特徴を古代の二つの文化の総合によって学んできた方法を続けてみようとすると、ルターでは破壊され、エラスムスで復活したこの特質が、近代に入ると破壊と復活の歴史を刻んでいると言えます。ですから本章では前者と後者の対決の歩みとして近代ヨーロッパを捉えてみましょう。その際、わたしたちはこの対決をいくつかの形態を通して考えてみましょう。こうして近代思想の創始者としてデカルトとその対決者パスカル、啓蒙主義と敬虔主義、カントとシュライアマッハー、ヘーゲルとキルケゴール、実存主義と対話哲学、民主主義とファシズム、ニヒリズムとキリスト教信仰などによって把握するように試みてみましょう。そこで近代のはじめの対立としてデカルトとパスカルの対決によってヨーロッパ思想の特徴を考えてみましょう。

1　デカルト哲学の特徴

デカルト（一五九六―一六五〇年）は若いときこれまで行われてきた学問の方法に疑問を感じ、これまでの学問の方法が無力であることに気づき、新しい学問を確立しようとして旅立ちました。こうして彼はヨーロッパを見聞するようになりました。つまり彼は「人文学」（書物による学問）から転じて、近代的自然科学、とくに幾何学的方法による学問を確立するようになりました。

(1)　学問の方法論の確立

こうしてまず人文学を廃棄し、「世間という大きな書物」に学ぼうとして彼はパリを旅立ったのです。ですが「世間」という習俗は多様であって、みんな異なっており、相対的であることを知ります。そこで社会通念の常識から解放されて、理性のみによって「自己のなかに」探求の眼を向けるようになりました。

このことについて彼は次のように言います。「かように数年をついやして世間という書物のなかで学び、多少の経験を積もうと努力した。だがその後わたし自身によってもまた本気で考えよう、そして辿るべき道を択ぶためにわたしの精神の全力を尽くそうとわたしは堅く決心したのである」と。このように決意して彼はドイツのウルム郊外にあった寒村に引きこもり、思索を重ね、幾何学的方法による学問を再建するようになりました。このことを彼は「方法の四教則」として捉えました。それはとても重要なものですから次に紹介しておきましょう。

論理学を構成させた多くの教則の代りに、守ることをただの一度も怠らぬという堅固一徹な決心をもってしたならば、次の四つで十分であるとわたしは確信した。

第一は、明証的に真であると認めることなしには、いかなる事をも真であるとして受けとらぬこと、すなわち、よく注意して速断と偏見を避けること、そうして、それを疑ういかなる隙もないほど、それほどまでに明晰に、それほどまでに判明に、わたしの心に現われるもののほかは何ものをもわたしの判断に取り入れぬということ。

第二は、わたしの研究しようとする問題のおのおのを、できるかぎり多くの、そうして、それらのものをよりよく解決するために求められるかぎり細かな、小部分に分割すること。

第三は、わたしの思索を順序に従ってみちびくこと、知るに最も単純で、最も容易であるものからはじめて、最も複雑なものの認識へまで少しずつ、だんだん登りゆき、なお、それ自体としては互いになんの順序も無い対象のあいだに順序を仮定しながら。

　最後のものは何一つわたしはとり落とさなかったと保証されるほど、どの部分についても完全な枚挙を全般にわたって余すところなき再検査をあらゆる場合に行うこと（『方法序説』落合太郎訳、岩波文庫、二九―三〇頁）。


　この方法の教則の第一は公理の明証性を、第二は分割法、つまり分析的思考方法の確実性を、第三は公理から定理への推論の明晰性と仮説的方法を、第四は枚挙の完全性を説いています。ここには幾何学的吟味の方法が採用されたのですから、方法の特質を第一の教則にかぎって説明してみましょう。

　ここでは説かれた認識の仕方は真理の規準が「明証性」に置かれ、明証的に真でないものを真とみなしてはならないと語られています。この明証性に達するためには「注意」を集中し、「速断と偏見」を避け、「事柄そのもの」の像が心のなかにはっきりと刻みつけられるまで待たなければなりません。こうして「明断」の度合いが高まって、他のものと十分に区別がつく「判明」にいたってはじめて、つまり「明晰判明」にいたってはじめて真理認識が獲られるのです。それゆえこれは明証説と呼ばれます。それゆえ「明晰判明に認識されたものが真理である」という命題がもっとも重要なのです。

このような「方法の四教則」にもとづき絶対的明証性を求めて発見されたのが、デカルトの「わたしは考える、それゆえにわたしは有る」という「哲学の第一原理」でした。ここから近代の哲学は確立されるようになりました。

この歩みがデカルトの『方法序説』に語られていますので続けて読んでみましょう。彼の文章も実に明晰判明であって、これほど優れた哲学の入門書はありません。ですからフランスではこの書は哲学の聖書、つまり哲学の唯一の書と言われています。わたしは全文を暗記するほどではありませんが、各節ごとにその内容を短い言葉に要約して欄外に書き込みながら学んだことを覚えています。

(2) 日常道徳、森の中のデカルト

デカルトの懐疑は真理を探究するための方法として行われました。この真理が発見されるまで生きるための「日常道徳」について述べて、四つの暫定的道徳を立てました。第一は宗教・道徳・法律を尊重し、服従するという原則です。彼は絶対的究極の真理の探求をめざすために宗教・道徳・法律を相対化し、それが善いものであれば満足することにしました。彼は現実社会の

変革を意図して悪を破壊し、何の具体的計画もない生き方は良識に反していると考えました。ここに彼の合理主義の特質が見られますが、宗教などは暫定的なものに過ぎないと見る、相対主義が採用されました。

ところで彼の合理主義の特徴は第二の道徳的格率のなかにはっきりと示されています。それは「森の中のデカルト」と言われるものです。彼は次のように言っています。

私の第二の格率は私の平生の行動の上では私に可能であるかぎり、どこまでも志を堅くして、断じて迷わぬこと、そうしていかに疑わしい意見であるにせよ一たびそれとみずから決定した以上は、それがきわめて確実なものであったかのように、どこまでも忠実にそれに従うということであった。このことを私は旅人になぞらえたのであった。かれらが森の中で道に迷ったならば、もちろん一箇所に立ちどまっていてはならないばかりでなく、あちらこちらとさまよい歩いてはならぬ、絶えず同じ方角へとできるだけ真直ぐに歩くべきである。たとえ、最初にかれらをしてこの方角を択ぶに至らしめたものがおそらく偶然のみであったにもせよ、薄弱な理由のゆえにこれを変えてはならない。なぜなら、このようにするならば、かれらの望む地点にうまく出られぬにしても、ついには少なくともどこかにたどりつくであろうし、それはたしかに森の中にたたずむよりもよかろうから（『方法序説』前掲訳書、三六頁）。

このような行動の仕方でもっともデカルトらしい点は、道を択んだものが偶然であったとしても、それをあたかも必然と考えて、意志堅固にこれを終わりまで貫き通すことです。進学、就職、結婚すべて然りです。彼の合理主義は偶然をも必然とみなす強い意志に裏打ちされています。だから彼は単なる主知主義では決してなく、そこには主意主義ともいうべき性格がみられます。

2　パスカルの問いと人間の理解

デカルトの同時代人のパスカル（一六二三―六二年）も人間を「考える葦」であると説き、思惟することを人間の本質であると考えました。彼はデカルトと同様に偉大な数学者にして物理学者であり、『幾何学的精神について』のなかで幾何学的な完全論証による方法を八つの規則として説き、明晰な認識を追究しました。しかし彼は同時に人間の現実の姿を見つめるようになりました。そして人間が無限空間のなかに置かれ、しかも人間が二つの無限、つまり無限大と無限小のただなかにある点に、驚異の眼を向けたのです。彼はこのような世界の新しい事実よりもいっそう重要なのは、人間の現実の姿であると考え、その現実の姿を追求しました。これは新たに拓かれた世界の真ん中における人間自身の現実の姿の自覚でした。そこにはデカルトの世界にはない次のような問題が考察されたのです。

それは⑴宇宙における人間の位置であり、⑵道徳における人間の現実なのです。この点をここでは考えてみよう。

⑴　宇宙における人間の位置

まず彼は宇宙空間の広大さに驚き、未曽有の孤独感に陥っています。「この無限の空間の永遠の沈黙はわたしをおそれしめる」（パスカル『パンセ』前田陽一・由木康訳、「世界の名著24」中央公論社、断章二〇六）と彼は言います。というのも自然科学者が研究する宇宙はまず人間の心に何も語らないので、無限大の宇宙に対し人間は真に微小で儚い存在にすぎない、と感じられています。このような無限に直面して彼は深い孤独感に襲われ、それに耐えながらも彼は思惟する人間の自覚から宇宙における人間の地位を明らかにしました。彼は次のように言います。

人間はひとくきの葦にすぎない。自然のなかで最も弱いものである。だが、それは考える葦である。彼をおしつぶすために、宇宙全体が武装するには及ばない。蒸気や一滴の水でも彼を殺すのに十分である。だが、たとい宇宙が彼をおしつぶしても、人間は彼を殺すものより尊いだろう。なぜなら、彼は自分が死ぬことと、宇宙の自分に対する優勢とを知っているからである。だから、われわれの尊厳のすべては、考えることのなかにある。われわれはそこから立ち上がらなければならないのであって、われわれが満たすことのできない空間や時間からではない。だから、よく考えることを努めよう。ここに道徳の原理がある（パスカル、前掲訳書、断章三四七）。

これが有名な「考える葦」の断章です。そこにパスカルの人間の捉え方が端的に示されています。こうして人間の定義が示され、「葦」が「か弱い存在」に対する比喩であることを補足すればすぐれた考えであることが分かります。この「葦」という表象は旧約聖書の「傷める葦を折ることなく」（イザヤ書四二・三）という言葉から採用されました。たとえば人間は少し雨が降り、洪水になると溺死するように「一滴の水」によってその存在がもろくも破壊されます。困難にも弱い「葦」は、それでも「考える」がゆえに、偉大であるとパスカルは主張します。

このように人間は自己のみじめさを知り、宇宙の優勢を理解しますが、他方宇宙のほうは何も知らないから、考える思惟にこそ人間の尊厳があることになります。ここに無限のなかで自己の存在の場を喪失した人間の新しい自覚があり、断章でもこの点が次のように明確に説かれました。

わたしがわたしの尊厳を求めなければならないのは空間からではなく、わたしの考えの規整からである。……空間によって宇宙はわたしをつつみ、一つの点のようにのみこむ。考えることによって、わたしが宇宙をつつむ（断章三四八）。

よく考えてみると空間と時間はそれ自体で成立するのではなく、人間の感性から離れると存在しません。このことを後にカントは、空間と時間は人間の感性の形式にすぎないと説きました。確かに人間は自然に対面していても実は自然のなかでの現実の姿こそ大問題なのです。したがって無限の空間はデカルトが考えたように「延長」ではなく、それ自体が人間を驚かせ、惨めな意識を呼び起こします。それでも自然と宇宙を思考することにパスカルは人間の尊厳を捉えました。そのような自然に対する反省から後にカントは批判哲学の「超越論的方法」を確立したのです。

(2) 道徳における人間の現実

さらに道徳の領域でのパスカルの人間的自覚にまして瞠目すべき洞察はありません。パスカルは人間の本性が二つの無限の中間者として不断の動態のなかにあり、じっとしていると気ばらしと倦怠に陥ってしまうと次のように言います。「倦怠。人間にとって、完全な休息のうちにあり、情念もなく、仕事もなく、気ばらしもなく、集中することもなしでいるほど堪えがたいことはない。すると自己の虚無、孤独、不足、従属、無力、空虚が感じられてくる。たちまちにして、彼の魂の奥底から、倦怠、暗黒、悲哀、傷心、憤懣、絶望がわき出るだろう」(断章一三一)と。それゆえ彼が強調するのは、人間が自己自身の存在に正しく直面することに向けられました。というのも人間は自己自身から絶えず逃走している状態にあり、自己のことを考えず、本来的あり方を忘れているからです。したがって人間はいつも二つの地平の上に生きていると言います。つまり、人間は決して意識することなき自己の真の存在の地平と、自ら招き欲した欺瞞的な平均人という現実とにまたがって生きていると言うのです。

人間の本性は、二通りに考察される。一つは、その目的においてであり、その場合は偉大で比類がない。他は多数のあり方においてであり、……その場合は人間は下賎で卑劣である。

人間に対して異なった判断を下させ、哲学者たちをあのように論争させる原因となる二つの道が、ここにある（断章四一五）。

しかし、この対立する二つの地平は一つに落ち合っています。つまり人間の自覚のなかで一つに結びついています。続く断章でパスカルは次のように言います。「要するに、人間は自分が惨めであることを知っている。だから、彼は惨めである。なぜなら、事実そうなのだから。だが、彼は、実に偉大である。なぜなら惨めであることを知っているから」と。この自知としての自覚は、その現実の悲惨さの認識を通して逆説的に本来的自己の偉大さを証明しています。つまり否定的事態は何かの否定であって、否定はそれが否定である本来の肯定を明らかに示しています。このことは「否定を通しての間接証明」と言うことができるでしょう。こうして「人間の悲惨さ」はその反対に偉大さを証明しています。この事態は次の「廃王の悲惨」という断章で言われます。

人間の偉大さは、その惨めさから引き出されるほどに明白である。なぜならわれわれは、獣においては自然なことを、人間においては惨めさと呼ぶからである。そこで、われわれは、人間の本性が今日では獣のそれと似ている以上、人間は、かつては彼にとって固有なものであったもっと良い本性から、堕ちたのであるということを認めるのである。なぜなら、位を奪われた王でないかぎり、だれがいったい王でないことを不幸だと思うだろう（断章四〇九）。

このようにパスカルはキリスト教思想を深めた形で継承しています。彼が人間本性の壊敗について嘆くとき、彼はパウロやアウグスティヌスの伝統に従っています。彼は人間の悲惨と偉大さを矛盾における現実として説き、ここからキリスト教的人間学に入っていきます。人間の悲惨と偉大さの逆説的同時性の主張はルターの「義人にして同時に罪人」の定式に近づくものであり、宗教改革的であるともいえるであるでしょう。

では人間とはいったい何という怪物だろう。何という新奇なもの、何という妖怪、何という混沌、何という矛盾の主体、何という驚異であろう。あらゆるものの審判者であり、愚かなみみず。真理の保管者であり、不確実と誤謬との掃きだめ。宇宙の栄光であり、屑……そうだとしたら、尊大な人間よ、君は君自身にとって何という逆説であるかを知れ。へりくだれ、無力な理性よ。だまれ、愚かな本性よ。人間は人間を無限に超えるものであるということを知れ（前掲訳書、断章四三四）。

3　デカルトとパスカル

デカルトは人間を理性的に自律していると説きました。だがパスカルは人間が自律的でなく、自己に満足せず、自分に自然に与えられた素質だけを発展させるべきではないと説きました。人間の条件はたえず自己を超えるものをめざし、脱自的に自己の現実を超越する点にあります。だから自己を超えていないならば、自己の遥か下方にいることになります。これこそキリスト教が説く「堕罪」の意味です。このような存在が単なる性質に帰せられない「人格」でと言えますが、人々は人格に付帯しているさまざまな「性質」のゆえに愛しており、人間の実質のゆえに愛しているのではないと言えるでしょう。

この実質的にして現実的な状況のなかにある「自己」をデカルト哲学は捉えていません。「考える自我」という認識主観は純粋思惟というガラス張りの透明な抽象体にすぎないのです。この観点からは人間の究極の謎を解くことはできません。デカルトにとって哲学の支配領域は有限的で、安定した一義的なものであって、無限的で、流動的で両義的なものではありません。これに対してパスカルは「幾何学的精神」に対して「繊細な精神」を強調するようになりました。わたしたちは無限の多様性を秘めた人間の精神はこのパスカルの方法によって取り扱わねばならないと感じます。人間を特徴づけているものはこの人間性の繊細さ、多様性および自己矛盾なのではないでしょうか。

これら近代の二人の偉大な哲学者によって理解された「自我」の共通点と相違点とをわたしたちは指摘することができます。このような二つの対立する思想はさらに大きく発展して、ドイツ観念論と実存哲学の対決にも現われています。

第九章　啓蒙主義と敬虔主義

ヨーロッパ近代文化は近代思想の形成から具体的に発展しました。それはイギリスから始まり、フランスに移り、ドイツに波及しました。そこには合理主義と個人主義という二つの特質が認められます。これによってヨーロッパ思想は輝かしく展開するのですが、そこには理性による啓蒙思想とそれを批判して信仰を説いた敬虔主義との対決が見られます。これまで探究してきたように、ヨーロッパ思想に特徴的である理性と信仰との総合はどうなったのでしょうか。この二つの運動はそれをどのように実現したのでしょうか。この点を探究してみましょう。

1　啓蒙主義とは何か

まず初めに一般に「啓蒙」（Aufklärung, enlightenment）と呼ばれる思想運動について考えてみましょう。それはヨーロッパでは国ごとに異なる展開を見せました。では総じて啓蒙とは何でしょうか。その根本的な性格はドイツの画家ダニエル・ホドヴィエッキの銅板画の一つに付けられた表題に端的に示されています。そこには「理性のなしとげる最高のわざは今までのところ、さし昇る太陽ほど、あまねく理解される寓意的なシンボルをもっていない。このシンボルは、これからも長らく最も巧みなものであり続けるだろう。つねに沼沢や香炉や偶像の祭壇の焼いた犠牲から立ちのぼり、理性をかんたんに覆い隠してしまいかねない霧あるがゆえにである。しかし太陽が昇りきれば、霧のごときは何ものでもない」(ウルリッヒ・ホーフ『啓蒙のヨーロッパ』成瀬治訳、平凡社、一七頁)と記されています。この光は曙光のように冷たいものを生み出すようにに見えますが、恵み深い暖かみを与える光であると信じられ、理性・自由・幸福が口にされるたびにいつも「光」という言葉が発せられたのです。それゆえ啓蒙によってさまざまな覆いや障害が取り払われ、心の中に明るい「光」が注がれると人々は感じました。

そこでとりあえずその特質をドイツ啓蒙思想を代表するカント(Immanuel Kant 一七二四—一八〇四年)によって啓蒙とは何であるかを紹介しましょう。ドイツでは封建的な領邦国家の分立状態が長く続いたため、近代市民社会が発達できない状態が続いていました。そこに彼は現実の政治革命ではない「思想の天空で行なわれた市民革命」(ハイネ)を導入し、批判哲学者に相応しい思想を形成するようになりました。彼はヒュームによって「独断の微睡《まどろ》み」からめざめさせられ、ルソーによって人間の自由と尊厳を教えられて、理性の批判的検討と自律する市民の自由にもとづいて啓蒙思想を確立しました。ですから彼は『啓蒙とは何か』でもって次のように啓蒙を定義しています。

啓蒙とは人間が自己の未成年状態を脱却することである。しかし、この状態は人間自らが招いたものであるから、人間自身にその責めがある。未成年とは、他者の指導がなければ自己の悟性を使用し得ない状態である。また、かかる未成年状態にあることは人間自身に責めがあるというのは、未成年の原因が悟性の欠少にあるのではなくて、他者の指導がなくても自分からあえて悟性を使用しようとする決意と勇気とを欠くところに存するからである。それだから sapere aude「あえて賢かれ」、「自己みずからの悟性を使用する勇気をもて」――これが啓蒙の標語である。……ところでかかる啓蒙を成就するに必要なものはまったく自由にほかならない。なかんずく、およそ自由と称せられるもののうちで最も無害なもの、すなわちあらゆる事柄について理性を公的に使用する自由である（『啓蒙とは何か』篠田英雄訳、岩波文庫、一九七四年、七―一〇頁）。

カントのいう「理性の公的使用」が政治家の現実的政策には適応できず、むしろ学問的吟味によって有効に発揮されるため、彼は思想的な体系をめざし、理念から現実を批判的に吟味するという理想主義的な特色をもつようになりました。

次にわたしたちは啓蒙思想がヨーロッパでどのように起こったかを簡単に顧みてみましょう。

2 イギリス啓蒙

イギリスの啓蒙思想はホッブズとロックによって開幕しました。ホッブズは「一方ではあまりに大きな自由を主張し、他方ではあまりに多くの権威を主張する人々」との間にあって「保護と服従の相互関係を明らかにしようと」してピューリタン革命のさなかの一六五一年にその主著『リヴァイアサン』を出版しました。

彼は人間が本来平等であるという前提から出発します。それは「自然は人間を心身の諸能力において平等につくった」からです。この「能力の平等」から目的達成にさいしての「希望の平等」が生じます。そこで、二人の者が同一のものを欲し、同時にそれを享受できないと、敵となり、相手を滅ぼすか屈服させようとするようになります。こうして生じる相互不信から自己を守るためには機先を制して相手を支配するしかありません。このような人間本性の競争・不信・自負によって戦争状態が生じます。そこから彼の有名な言葉、「万人の万人に対する戦争」（Bellum omnium contra omnes.）また、「人間は人間に対し狼である」（Homo homini lupus est.）が主張されます。

こうして本能的な欲望である自然権を放棄し、平和について理性が示す戒律と諸条項という協定を結ぶように導かれます。これが「社会契約」であって、これを彼は次のように主張しました。「戦争は人間生来の諸情念から必然的に引き起こされるものであり、実際、何か恐ろしい力が目に見えて存在し、人間がその力を畏れ、懲罰に対する恐怖から諸契約を履行し、自然法を遵守しないかぎり、避けられないものである」（『リヴァイアサン』永井・宗片訳、世界の名著、一五六頁）といいます。したがって自然法だけでは平和は達成されることがなく、「剣を伴わない契約」は無意味である。この契約により万人が一つの人格に結合され、コモンウェルスつまり国家という「地上の神」なる「リヴァイアサン」（大怪獣）が誕生するようになりました。この人格を担うものが主権者であり、それ以外はその国民であると言われます。

ところがホッブズが最善の国家形態とした絶対君主制は、ロックの時代になると市民社会と矛盾するものとなり、契約も立憲君主制における「信託的権力」と「抵抗権」の主張へと移っていきます。ですから国家の最高権として立法権が次のように説かれている。

立法権は、ある特定の目的のために行動する信託的権力にすぎない。立法権がその与えられた信任に違背して行為したと人民が考える場合には、立法権を排除または変更し得る最高権が依然としてなお人民の手に残されているのである。何故ならある目的を達成するために信託された一切の権力は、その目的によって制限されており、もしその目的が無視され違反された場合にはいつでも、信任は必然的に剥奪されねばならず、この権力は再びこれを与えたものの手に戻され、その者はこれを新たに自己の安全無事のためにもっとも適当と信ずるものに与え得るわけである。(『市民政府論』鵜飼訳、四九節)

さらに国家に対する抵抗権もしくは革命権も主張されるようになりました。一般的にいって国民の福祉である共通善が最高の法であり、これが暴力によって阻まれる場合には、国民には抵抗権があるとロックは説き、自己保存のため契約により成立した社会を維持するという目的のためには、統治の解体もあり得ることが宣言されました。そこには政治的な統治に対する市民社会の優位が明らかに主張されています。また、このような社会思想の根底には「自己保存の神聖不可変な根本法」がはっきりと語られており、自己保存のために契約を結んで市民社会を組織し、この社会の自己保存のためには政治的統治形態の変革を認める「革命権」が主張されたのです。こうして近代的人間の主体性は所有権という経済的自由の確立に具体的に表明されています。ここにわたしたちはイギリス啓蒙思想が市民革命にまで発展している姿を見ることができます。

3　フランス啓蒙

啓蒙思想の革命的な働きはフランスでも見られます。ジュネーブ生まれの啓蒙思想家ルソー（一七一二―七八年）はロックの社会契約の考えを受け継ぎ、それをいっそうラディカルに発展させ、彼の思想はブルボン王朝の圧政下に苦しむフランスではフランス革命の指導原理となったといわれます。かつてホッブズが主権を絶対君主に求めたのに対し、ルソーは人民主権の絶対性を力説して、人民は主権者であり、同時に臣民でもあると宣言しました。この臣民という言葉と主権者という言葉とは盾の両面であって、この二つの言葉は市民という一語に合一されました。そもそも国家というものは人為の所産に過ぎず、人の命はかぎりがあっても、国家の構成を最善に改革することによって、長寿を全うできるのです。しかも国家は廃止され得ないということにいかなる理由もないのですから、人間の理想状態である自然に向かって帰ることはできるのです。これが有名な「自然に帰れ」のスローガンです。

このようにルソーの革命権の主張はロックよりも遥かにラディカルなものとなっています。しかも「全体意志」を否定して「一般意志」（全体意志の総和から過大と過小とを差し引いたもの）に主権を置いたことは、代議制を否定して直接民主制に移行していることを表わし、ロックには見られなかった革命的独裁の思想を明らかに読み取ることができます。こうして「執行権をまかされた人々は、決して人民の主人ではなく、その公僕であること、人民は好きなときに、彼らを任命し、解任しうること」（『社会契約論』桑原・前川訳、岩波文庫、一三一頁）と主張されたように、この傾向はすでに明白になっています。したがってルソーの思想は、元来ジュネーブのような小都市国家を念頭においていたにもかかわらず、大国のフランスにおいては、ロックの立憲君主制に立つ思想よりも遥かにラディカルな人民共和制を目指す、革命的民主主義となってフランス大革命を導く中心思想となったのです。

もちろん、イギリスとフランスとでは同じヨーロッパに属していても、国民性・伝統・宗教・政治の歴史が相違しています。イギリスはマグナ・カルタ以来王権を縮小することによって議会制が拡大するように努めてきました。そこにイギリス貴族の政治的貢献が認められます。ロックはそのような貴族の秘書として活躍し、彼の思想はイギリス社会に受け入れられ、近代市民社会の代表的思想家となったのです。ですがフランスでは事情はまったく異なり、ブルボン王朝は強大であって貴族は王権の側に原則として立ち、第三身分たる人民を搾取したため、自国民との身分的・経済的格差は大きく広がっていました。こうして多くの国民のルサンティマン（怨念）は高まっていき、ついに同じ性格のルサンティマン的なルソーによって点火され、過激な暴力革命に突入することになりました。

4　ドイツ啓蒙

ドイツ啓蒙主義の代表者はレッシング（一七二九―八一年）でした。彼は小都市の図書館員であったとき、歴史家ライマールス（一六九四―一七六八）の遺書『無名氏の断片』や『イエスと彼の弟子たちとの目的について』を出版し、キリスト教史上もっとも大きな旋風を起こしました。ここから「史的イエス」の問題が生じたのですが、シュヴァイツァーの『イエス伝研究史』によると、ライマールスの説は次のようなものです。イエスの「目的」は弟子たちのそれと相違していた。「わが神わが神」との十字架上の叫びからイエスの目的が挫折したことを理解すべきであり、つまり政治的メシアとして外国の支配からの解放をイエスは自己の目的としましたが、失敗に終わった。ところが弟子たちの目的はこれとは違っていたのです。彼らはその夢が破れたのち、もとの仕事に戻る気もちはなく、イエスの死体を盗んで、復活と再臨とのメッセージを作り、仲間を集めました。だから弟子たちがキリスト像の創作者であると言えます。

ライマールスは歴史上のイエスと宣教されたキリストが同一でないこと、歴史と教義とは別であることを初めて説きました。これによって人々の間で大きな興奮と憎悪が生じたのですが、そこに啓蒙主義の批判的精神が定着するようになりました。この遺作を思い切って発表した勇気はレッシングを偉大にしました。こうして歴史学的研究によって聖書も歴史的に制約された一文献であることを示し、正統主義の聖書無謬説に攻撃が加えられました。彼はまた『人類の教育』で人類がいまや理性の時代に達したことを、哲学と宗教の歴史的進展の思想によって明らかにしました。ですから自律的な理性は神の霊によって教えられるものですから、理性の時代は聖霊の時代の実現である、と説きました。彼はまた『賢者ナータン』で回教とキリスト教とユダヤ教の出会いを扱い、諸宗教の相対性を説き、キリスト教の本質はすべての真の宗教と同一であり、それが愛であると主張しました。

先に触れたようにドイツにおける啓蒙主義の最大の代表者はカントでした。彼はデカルトの流れをくむライプニッツやヴォルフの合理主義の哲学を批判的に継承し、理性万能の見方に対し、理性自身の認識能力に対する学問的な批判と検討を欠いているから、独断的形而上学に陥っている点を指摘しました。こうして彼は人間理性の有限性を力説し、「信仰に場所を与えるために〔誤った〕知識をとり除かねばならなかった」(『純粋理性批判』第二版の「序文」参照)と述べているように、合理主義の思弁的越権行為を批判し、キリスト教信仰への道を拓くとともに、自らは道徳的命法の無制約性に立って有限性を突破する道徳形而上学を主張しました。

しかし、カントの『宗教論』における宗教思想は単なる道徳的な宗教にすぎませんでした。こうして彼は「宗教とはわたしたちの義務のすべてを神の命令として認識することである」と定義しました。あることを義務として承認する以前にそれを神の命令として学ばねばならないのが啓示宗教であり、神の命令として知る以前にそれを義務として知らねばならないのが自然宗教であるというのです。だから神の愛と隣人愛とを義務として説くキリスト教は自然宗教であり、キリストが二つの愛を教えるから啓示宗教でもありますが、奇蹟、神秘、恩恵の手段などを信じるのは迷信であると言います。このように祭儀的な教会は理性に立つ本質的な教会の規準によって批判され、彼の宗教論は現実の教会を否定するほどラディカルなものでした。

5　敬虔主義の覚醒運動

敬虔主義は一七世紀の終わりから一八世紀に渡って起こったドイツとイギリスにおける信仰の覚醒運動である。ルターの死後一〇年も立たないうちにドイツ教会では一五五五年のアウグスブルグ会議でキリスト教が国教（Landeskirche）となり、領主たちの信仰が強制されるようになりました。そのため次第に信仰が衰微し、弱体となってしまいました。その会議で国家ごとにプロテスタントかカトリックかが決められたので、人々は亡命するか、信仰の決断をやめることになったのです。そうすると信仰の決断がなくなり、信仰が弱体化し、教会の力が失われるようになりました。このような教会を批判した人たちが敬虔主義と呼ばれています。

その創始者はシュペーナー（P. J. Spener, 一六三五—一七〇五年）でした。彼の『敬虔なる要望』という著作は、ルター派教会の霊的な改革を提案したものであり、これによって敬虔主義が発足したといわれます。彼の敬虔主義では「再生」（Wiedergeburt）が強調されました。それはルターの宗教改革における理念の根幹であった「義認」（Rechtfertigung）思想に代るものとして説かれました。義認が罪人を無罪放免して法廷的に説かれると、信仰の決断による自己変革がなくなり、そこから宗教信仰が外面的となって、教義の体系化と信仰の形骸化が生まれ、倫理的な形成力が衰退します。そこで、敬虔主義では義認を再生のなかに取り入れ、再生を強調するようになりました。こうして信仰自身が内面的に深まることによって、それが同時に外に向かって活動する実践を生み出したのです。つまり内面性の深化が力強い実践への原動力となってきました。

したがってシュペーナーに始まるドイツ敬虔主義では「内なる人」とか「心」概念によって、つまり信仰の内的な再生力によって実践的な活動が強力に押し進められるようになりました。ところがルターには教義の改革者という側面がやがて前面に現われてきて、ルター派教会は正統主義に傾いていったので、ドイツ敬虔主義はルター派教会と全面的に対決するようになりました。こうしてドイツ敬虔主義は内面的な傾向を強化して、やがては啓蒙思想と対決するようになりました。前者が信仰と霊性に立っているのに対して、後者は理性と自己確信に基づいていたからです。この対立のなかにわたしたちはヨーロッパの思想的な傾向を看取することができます。

ところでドイツ敬虔主義者ツィンツェンドルフ伯（一七〇〇―六〇年）の時代は、ドイツ思想史で啓蒙主義が支配権を確立した時期であって、合理主義的にすべてを解明し、宗教を道徳に還元しようとする傾向が強まってきました。伯爵はこの風潮がイギリスの理神論から派生していることを明瞭に洞察していたので、これに対決して彼は敬虔主義的な情熱を力説するようになりました。彼は次のように語っています。

宗教の領域でみんなが救い主について語るのを恥じる時が来るならば、それは大いなる誘惑の時である。そしていま、非常な勢いでそうなろうとしている。……そういうわけで、道徳、徳目、ある種の義務、神の本質、創造といった高級なテーマで立派な説教がなされるときは、教区監督や正牧師が説教するであろう。だが受難の説教や救い主の誕生の説教のときは神学生にやらせるであろう（シュミット『ドイツ敬虔主義』小林謙一郎訳、教文館、一八〇―一八一頁参照）。

こういった宗教を道徳へ還元する傾向は続くカントの思想のなかで事実起こった事態でした。カントは確かに「宗教とはわたしたちの〈道徳的〉義務のすべてを神の命令として認識することである」と定義しました。ツィンツェンドルフがこのように正確に予測していた状況に直面して、彼は断固、歴史的信仰に固執すると宣言しています。それだけでなく彼は、歴史的信仰こそ現在もっとも必要な指針であることを強調しました。こうして現に起こった歴史また歴史的現実こそ彼にはキリスト教の核心であったのです。彼が指導したヘルンフート派は単純な聖書信仰を啓蒙の時代のさなかで保ち続けました。そして彼の思想に深く影響を受けた一九世紀最大の神学者シュライアマッハーはヘルンフート派から決定的な影響を受けており、宗教を蔑視した者を批判し、有名な『宗教論』を書きました。彼は根本的にツィンツェンドルフに従っており、先に引用した宗教を道徳に還元する時代の傾向を批判して、伯爵が予言したことを実行して彼の「遺言執行人」となりました。

第一〇章　カントとヘーゲル

はじめに

次に登場するのはカントとヘーゲルというヨーロッパ思想の頂点となった哲学です。この人たちの思想はとても難解です。そうなったのはこの時代に厳密な科学的思考が発達し、それに合わせて哲学の用語もむずかしくなったからです。とりわけカントはその考えを論理的に厳密に説き、ヘーゲルは新しく起こってきた歴史学の影響を受けて弁証法的に思想を叙述するようになったからです。それでもその思想を順序正しく学んでいくと、それが非常に優れた思考であって、そこにヨーロッパ思想が見事に展開していることが分かってきます。

カントの前に発達してきた理性的な合理思想は啓蒙時代に入ると、その当時イギリスで発展してきた経験論との対決を迫られてきました。合理論の哲学は理性によってあらゆる存在の認識が可能であると説き、「独断的形而上学」を打ち立てるようになっていました。当時、この合理論の哲学の代表者はヴォルフであり、カントも初めヴォルフ哲学の影響をうけました。他方、経験論の哲学は、経験が認識の唯一の源泉である、と主張するもので、イギリスの啓蒙主義の哲学者ヒュームが認識の客観的妥当性を否認してからは、懐疑論に傾斜していき、客体的世界の認識さえも否定するようになりました。カントはこのヒュームによってその「独断のまどろみ」が破られ、哲学の方向転換を強いられたのです。そこで彼は理性自身の認識能力を批判・検討することを通して合理論と経験論とを総合する批判哲学を樹立するようになったのです。そこではわたしたちが探究してきた文化総合の歩みがどのように展開したかをここでも考えてみましょう。

1　カント哲学とは何か

そこでまずカント哲学の特徴をいくつか、説明してみましょう。

(1)「コペルニクス的な転回」

彼はこれまでの認識を一八〇度ひっくり返す批判哲学の試みを天文学で言う「コペルニクス的

な転回」になぞらえて次のように『純粋理性批判』の序文で語っています。

今までわたしたちは、わたしたちの認識がすべて対象にしたがうものでなければならないと想定していた。しかし、わたしたちの認識がそれによって拡大されるような何ものかを、概念によって先天的に対象に関して作り出そうとするあらゆる試みは、こうした前提のもとでは失敗に帰した。それゆえわたしたちは今度は、形而上学の課題においては、対象がわたしたちの認識にしたがわなければならないと想定すれば、もっとよく進捗しないかどうかを試みよう。この想定はそれだけですでに、対象が先天的に認識されるものではなかろうかという形而上学の渇望に一層よく一致するものである。すなわち対象の先天的認識とは、対象がわたしたちに与えられる以前に、対象に関して何ごとかを確定すべきものなのである。このことはコペルニクスの最初の思想におけると同様である。コペルニクスは、全星群がこれを観ている者の周りを回転すると想定したのでは天体運動の説明がうまくゆかなかったので、観ている者を回転させ、逆に星を静止させたらもっとうまくゆきはしまいかと試みたのである（カント『純粋理性批判』高峯一愚訳、「世界の大思想」河出書房、三〇頁）。

このような批判によって理性の認識能力が検討され、近代的理性の地位が確定されるようになりました。それまでは一般に認識対象が鏡に映されているように考えられていました。これは模写説と言われるものです。これをカントは批判してわたしたちの意識がその対象に関わる仕方を解明したのです。こうして意識が鏡のごとく対象を写しているように、認識が対象を写し反映していると説かれていた模写説をひっくり返し、その逆に対象がわたしたちの認識に従わねばならない、と説いたのです。

(2)理性批判の意味

ですからカントによると「批判とは理性が、一切の経験からはなれて追求できる、あらゆる認識に関しての理性能力一般の批判を意味する」(カント前掲訳書、一九頁)のです。こうして理性能力の吟味によって認識は経験の範囲内で認められ、これを越えては認識は成立しないと説かれました。ここに理性の正当な要求が保証され、不当な越権の一切を拒否する法廷がもうけられたのです。これが彼の「純粋理性批判」で、人間の主観に立って客観が捉えられるようになりました。

その場合、純粋理性の「純粋」という意味は「一切の経験からはなれた(独立した)」を意味し、純粋理性は経験をこえた思弁的理性とも解されるかもしれません。ですが、それは経験から独立しているのではなく、「わたしたちの認識はすべて経験をもってはじまる。だが、それだからといってわたしたちの認識がすべて経験から生じるのではない」と彼が説明しているように、経験は認識の素材、もしくは「質料」にすぎず、認識能力が質料に与える「形式」によって、認識が成立するのです。このような認識能力の形式は経験から独立した「先天的」(ア・プリオリ a prior) なものであって、対象についての経験が可能となる条件であるため、そのような認識能力の諸機能は「超越論的」(transzendental) であると言われました (この言葉は以前に「先験的」と訳されましたが、「意識から超越しているものにどう関わるかを論じる」という意味です)。

ところで初期のカントの著作にはドイツ敬虔主義に培われたキリスト教的な枠組が残されていましたが、完成期の著作にはそれも原則的に消滅し、神学からの哲学の解放という運動は、その最終段階に達し、こうして近代の黎明期に起こった人間の主体性の自覚を明確に示しています。

(3) 超越論的認識の三区分

こうしてカントの偉大な業績はまず認識論に示され、そこでは心の認識機能が三つの機能に区分され、学問的に厳密に検討された点によく示されています。ですからこの三区分を次に説明し

	心の認識能力		
作　用	感　性	悟　性	理　性
対象界	感覚的世界	科学的世界	思想的世界
認識の形式	空間と時間	十二の範疇	三つの理念
認識の種類	事物の印象＝表象知	学問的認識＝科学知	体系的知識＝観念知
先験的	感性論	分析論	弁証論

てみましょう。

彼はプラトン哲学の伝統にしたがって理性を理性と悟性とに分け、これに感性を加えて三つの認識機能、つまり理性・悟性・感性の機能を厳密に解明しました。このことは彼が主著『純粋理性批判』のなかで三つの心の機能を明らかにし、近代的な認識論を体系的に完成したことに表れています。こうして心の認識機能は上記のように三部分に分けて批判的に検討されました。

彼の時代になると科学的な精神によって獲られる悟性知が尊重されるようになりました。悟性的な人間というと、それは頭脳明断な行動的な人を意味し、たとえば利潤を追求するにあたって目的合理的に活動する人間の姿が重要視されました。ですからカントにとって理性の認識機能のなかでも悟性によって構成される科学知がもっとも重要視されています。この悟性の機能は感覚によって与えられた多様な要素を概念によって統一する判断から解明されました。この判断における統一作用は「カテゴリー」（範疇）と呼ばれ、これがあらゆる認識のなかにある意識の統一作用、つまり先験的統覚によって形成されると説きました。

このようにカントはカテゴリーの正しい適用を吟味してから、その不当なる適用から生じている従来の形而上学を批判するようになりました。ところが一般的にいってカントの認識批判は「信仰に場所を提供するために、理性を批判しなければならなかった」と主張されたように、宗教を新たに基礎づける任務をはじめからもっていました。そのためには人間の認識機能を解明するだけでは十分ではなく、個々の人間を現実的に捉え直さなければなりませんでした。それは自然の意図として人間は本来そのようであっても、現実には「悪への性癖」をもち、本性的な欲望である傾向性に従い、格率（個人的なよい生き方の指針）を転倒させているからです。そうすると啓蒙主義を代表する思想家カントの哲学も問題となってきますが、彼が捉えていた人間の本質的理解がそれに先行しているからこそ、彼は現実をもいっそう厳しく捉えることができたといえましょう。

(4) 二元論の問題

彼は人間を二つの側面から考察しています。第一に自然界に属する「現象人」（homo phaenomenon）であり、第二に、同時に可想的超自然界に属する「本体人」（homo noumenon）

に分けています。「現象人」としての人間は自然に属する人間を指し、その性格は基本的に経験的であり、生物進化の頂点に位置しており、有機体としての生命はある種の目的合理性をもち、物理的自然界の機械的必然性とは異なる内的な合目的性をそなえています。

自然界には外的合目的性が観察されます。たとえば無機物は植物の手段となり、植物は動物の、草食動物は肉食動物の、それぞれ手段となり、すべては人間の手段となっています。ですから人間は自然の最終目的です。それは、人間のみが悟性によって自然万物を多様な目的にかなって秩序づけることができるからです。

(5)　道徳から宗教へ

前述した悪への性癖こそ彼の言う「根本悪」(das radikale Böse) なのです。根本悪とは道徳法則を行動の動機とするか、それとも感性的衝動を動機とするかによります。どちらを他の制約にするかという従属関係によって意志は善とも悪ともなりえます。それは正しい従属関係に立つ道徳秩序を転倒することによって、悪は自然的性癖となり、人間の本性にまで深く根づいている事実をいいます(『宗教論』飯島・宇都宮訳、「カント全集9」理想社、五七―五八頁参照)。カントはこのような人間の本性について「しかし、こんなに歪曲した材木から完全に実直ぐなものが造られるとどうして期待しえようか」と語って、キリスト教の原罪説を採用しています。

この根本悪の主張はゲーテのような啓蒙主義を超えた人びとにさえ、カントは哲学のマントを汚したと嫌悪されました。だがそこにはキリスト教の教えを採用していることが明らかです。ですがこの『宗教論』の考えは理性的に説かれた道徳的宗教にすぎませんでした。彼は言います、「宗教とはわたしたちの義務のすべてを神の命令として認識することである」（カント、前掲訳書、二一二頁）と。このように彼は祭儀的で経験的な教会を批判し、現実の教会をも否定するほど彼の宗教論はラディカルなものでした。

2　ヘーゲル哲学とキリスト教

ヘーゲル（G. W. F. Hegel, 一七七〇―一八三一年）は大学時代にキリスト教の神学を学び、フランス革命のニュースを聞いて、フランス人の手本にならい友人と一緒に自由の樹を植え、その周りを輪舞するほど大きな影響を受けました。またイェーナで教鞭をとっているときナポレオンの姿を目にして自由を実現する「世界精神」の歩みを実際に感じたようです。さらに新たに起こってきた歴史学の強い影響のもとにフランス革命で発生した社会的な意識をもって哲学を開始するようになりました。彼によって初めて社会と歴史が哲学の中心に位置するようになり、人間存在の本質的社会性と共同性とが説かれました。

彼はキリスト教の影響によってイェーナ時代の若き日に人間の理解を深め、「人格と人格との共同は、本質的には個体の真の自由の制限ではなくて、その拡大とみなされなくてはならない。最高の共同は最高の自由である」（ヘーゲル『理性の復権――フィヒテとシェリングの哲学体系の差異』批評社、一九九八年、八五頁）と語ることができました。このことはさらに「命名する意識」としての「言語」や「老獪な意識」としての「労働」によって解明されました。こうして若い時代の代表作『精神現象学』が生まれ、その有名な一節「主人と奴隷の弁証法」では「労働の自由」の主張によって革命が起こることを洞察し、マルクスの社会学説に決定的な影響を与えました。さらに晩年には歴史哲学で人間の自由の問題を採り上げ、自由がキリスト教によって初めて実現したと明瞭に説き明かしました。

これらの点で彼は啓蒙思想の洗礼を受けたカントとは決定的に相違しています。それゆえヘーゲルとキリスト教というテーマはキリスト教思想史上にとても重要な意味をもっています。そこにはわたしたちが探究してきた文化総合が新たに試みられています。

(1) ヘーゲル弁証法

カントとヘーゲルの間には政治的にはフランス革命があり、学問的には歴史的思考が大きな影響を世界に提示されたところにあります。ですからヘーゲル思想でもっとも重要なのは彼の思索の方法である弁証法であることになります。そこでわたしたちはまずこの点を採りあげてみましょう。

この弁証法というのは、古代ギリシア哲学から発し、中世の論理学の表題に用いられ、カントの超越論的弁証論を経てヘーゲルによって哲学的な論理学として提示されました。ヘーゲル以後ではマルクスやキルケゴールによって採用され、いっそうの発展をとげ、今日においてもなお有力な哲学の方法なのです。

弁証法はヘーゲルのもとではすべてを説明し尽くす一大論理体系となりましたが、彼の思想の形成に注目すると、それはカントによって提出された認識の問題を克服することをめざして試みられた思考方法であって、部分的な認識からなるカントの悟性的認識が必然的に矛盾に陥らざるを得ない問題を克服するために考案されました。この弁証法という認識理論は人間経験の歴史や社会といった領域に妥当するものであり、これを拡大して自然のすべての領域にあてはめることはできません。その特質をいくつか挙げてみましょう。

①　ヘーゲルにとって弁証法は哲学的思惟の本性に属するものであり、悟性的思惟の陥った矛盾を克服すべく、この種の認識の一面性をばくろし、この一面性のゆえに陥った矛盾を契機にして全体的な真理に達する方法なのです。この点は彼の哲学をその全体像が見られる『エンチュクロペディー』の序論を使って説明してみましょう。彼はこの点を次のように言います。

精神の原理、精神の純粋な自己は思惟である。しかし、この仕事にたずさわっているとき、思惟が矛盾にまきこまれるということ、いいかえれば、諸思想の固定された区別のうちに自己を見失い、したがって自分自身に到達するどころか、むしろ自己と反対のもののうちにとらえられてしまうというようなことがおこってくる。より高い要求は、単なる悟性的思惟のこうした結果に反抗する。そしてこの要求は、思惟が（こうした結果を克服することを目ざして）、すなわち思惟そのもののうちでそれ自身の矛盾の解決をなしとげることをめざして、自己にふみとどまり、自分を見失ったことを意識している場合でさえ、あくまで自己に忠実であることにもとづいているのである。思惟の本性そのものが弁証法であり、悟性としての思惟は自己否定、矛盾におちいらざるをえないという洞察が論理学の主な側面の一つをなしている」（『小論理学』上巻、村松一人訳、岩波文庫、七八―七九頁）。

ここに明瞭に説かれているように、ヘーゲルの弁証法は矛盾の論理であっても、その意味は、矛盾を克服する論理であって、矛盾に陥っている事態をカントのように否定するのではない。「その反対が不可能である」という矛盾律は思考の根本原理であり、矛盾律なしには矛盾自体を知ることはできません。このヘーゲルの弁証法は思惟の本性に属しているが、彼の哲学はカントに優っていっそう豊かな経験の世界に開かれています。その領域は歴史、文化、社会、政治、経済であり、きわめて豊かな内容をたたえています。それゆえ彼が「経験」と言い、「現実」と言って語っているところに注意しなければなりません。

② ヘーゲルは「世界」の中で行動する理性を「精神」と呼び、次のように言われます。

哲学の内容は、生きた精神の領域そのもののうちで生みだされ、また現在生みだされつつある内容、意識の世界、意識の外的および内的世界となされている内容にほかならないということ、一口にいえば、哲学の内容は現実であることを理解していなければならない。この内容を最初に意識するものが、いわゆる経験である。世界の思慮深い考案はすでに、内的および外的存在の広い世界のうちで単に現象にすぎないもの、すなわち一時的で無意味なものと、それ自身真に現実の名に値するものとを区別している。哲学はこの同一の内容にたいする他の意識の仕方と形式の点でのみちがっているのであるから、それは現実および経験と必ず一致せねばならない。実際この一致は、ある哲学が正しいか否かにかんする、少くとも外的な試金石であり、またこの一致を認識することによって自覚的な理性と存在する理性すなわち現実との調和（宥和）を作りだすことが、哲学の最高の究極目的と見られなければならない（前掲訳書、六八―六九頁）。

ヘーゲルのいう「現実」は理性的内容が実現し、現にそれが生成している精神の世界であり、この生ける現実のうちに運動しているロゴスこそ弁証法の論理の地盤です。この意味で『法哲学』の序文では「理性的なものは現実的であり、現実的なものは理性的である」といわれます。それゆえ理性と現実、思惟と存在は同一であって、現実の矛盾は理性化され、この理性化する働きが精神であります。したがって存在とは精神が自己の理性（理念、思想）を実現している現実、つまり理念的存在であり、単なる存在としての現象から区別されます。この存在は社会、文化、歴史を含み、ここに生きる精神は理念を実現している客観的精神であります。

③　精神は矛盾や否定的事態に直面し、これに耐え、これを契機として発展し、理性を実現してゆく運動なのです。すなわち精神は矛盾に出会うと自己の最初の自体的存在に対し他在、ま

たこの他在において自己自身を反省する対自存在へと移ります。そこには自己の外にでて自己外化（自己疎外）を起こしながら、精神は他在を通していっそう豊かな認識をたずさえて自己自身に復帰する運動が起こってきます。それは矛盾し、対立するものの内容を否定するものではなく、他在として客体へと沈潜することを通して自己に帰還する主体的行為なのです。ヘーゲルはこれを「実体は主体である」という弁証法的表現で述べています。「実体」〈Substanz〉とは「下に立つ」（sub-stare）ことを意味し、「主体」（Subjekt）とは「下に投げる」（sub-jacere）を言います。つまり、わたしたちの前に立っている物体はわたしたちにはよそよそしい客体ですが、この客体もその基底における実体を、精神が自己をはなれてそこへと入っていってとらえると、わたしたち自身である主体と同一なるものとしてとらえることができます。このように客体のなかで主体（存在）を確認することが「絶対知」としての哲学的認識であって、ここでは精神は自体的（即自的）存在と他在において自己を反省する対自存在との同一を示す「即且対自存在」なのです。

このようにして弁証法的思惟の認識は三段階のリズムを通して運動し、「真理は全体である」という全体的で総合的な認識に達します。すなわち第一段階は「即自的」（an sich）で、対象をそのまま肯定の段階であり、第二の段階は「対自的」（für sich）で、反省的な否定の段階をなし、第三の段階は「即且対自的」（an uud für sich）であり、「否定の否定」として第一と第二の段階を総合統一する、高次の意味での絶対的肯定の段階です。

④　こうして弁証法的に思惟するとは、悟性的認識によって矛盾してしまう経験の次元に対しすぐれた認識をもたらすことになります。弁証法は、あることがらをそれと矛盾的対立関係に立っているものと合わせて考察することを意味します。人間の生活、社会、文化、歴史の領域は単に対象として悟性によってはとらえられず、たえず矛盾のうちに巻き込まれてしまいます。この領域には単純にけりがつき解決される問題はありません。ですからわたしたちはたえず相反する矛盾のなかにあって、その混乱した事態のうちにある法則を発展の相のもとに把握しなければなりません。また矛盾対立を克服し止揚するものは、矛盾関係に立つ両者がそこから発している始原の統一をとらえることによって、発見されなければなりません。それは事態をいっそう深い根源にまで遡及し、洞察することにより把握され、そのような認識によって人間は精神のあり方を自覚するようになります。

(2)　『歴史哲学』の自由論

ヘーゲルの弁証法は歴史の考察でもっとも明瞭となります。彼によると「絶対者」は歴史の中に現われるから、歴史は絶対者がその本質を次第に明らかにしてゆく過程であります。それゆえ真理は、たえず変化する歴史的状況のもとで現実的であり、この状況のおのおのは、ある限定された仕方で真理であります。まさにこのことが、あらゆる立場は勝利をおさめたとき、一面的なものとして自らを証しするという、発展する歴史の弁証法的過程を形成します。この歴史の弁証法的過程で真理は克服されると同時に保存されることになります。ですから歴史の過程で真理は後の局面になると止揚されます。このように歴史が弁証法的過程として把捉されたのは、ヘーゲルが無制約的なる絶対者を有限的に制約されたものと対立しているとみなさないからです。もし対立しているとすると、その対立のゆえに、絶対者は制約された者となるでしょう。そうではなく絶対者は有限性にまでくだり、有限的なるものを、自己の有限性において経験しながらそれを同時に克服するかぎり、ただその限り絶対者は存在するとみなすからです。ここに絶対者と有限なるものとの媒介が成立します。ヘーゲルのこのような歴史思想はキリスト教の三位一体の教義にもとづいていることは容易に理解されます。

ヘーゲルはキリスト教の歴史観「神の摂理が歴史を支配している」という命題を哲学に翻訳し、「理性が世界の支配者である」とみなし、「世界史は理性的に行なわれてきたのであって、世界史は世界精神の理性的で必然的な行程であった」、また「世界史は自由の意識の進歩を意味する」という歴史哲学の根本思想を解明しました（ヘーゲル『歴史哲学　上』武市健人訳、岩波文庫、

六五、六九、七九頁参照）。この自由の意識は世界史における三段階の発展をとり、国家形態もそれにしたがって展開をすると彼は主張しました。すなわち、①一人の君主のみが自由であって、他のすべてはその奴隷である東洋的専制政治から始まり、②少数の者が自由であり、他はみな奴隷であったギリシア・ローマの少数政治を経て、③すべての「人間が人間として自由である」という意識に達したキリスト教的ゲルマンの立憲政治にまで発展したと主張するようになりました。彼は言います。

東洋人は、精神そのもの、あるいは、人間そのものが、それ自体で自由であることを知らない。それを知らないから、自由ではないのです。かれらは、ひとりが自由であることを知るだけです。……ギリシャ人においてはじめて自由の意識が登場してくるので、ギリシャ人は自由です。しかし、彼らはローマ人と同様、特定の人間が自由であることを知っていただけで、人間そのものが自由であることは知らなかった。……ゲルマン国家をうけいれたキリスト教においてはじめて、人間そのものが自由であり、精神の自由こそが人間のもっとも固有の本性をなすことが意識されました。この意識は、まずはじめに、精神のもっとも内面的な領域である宗教のうちにあらわれましたが、この原理を世俗の世界にも打ち立てることがさらなる課題であって、その解決と実行には、困難な長い文化的労苦が必要とされました（『歴史哲学講義』（上）長谷川宏訳、岩波文庫、三九―四〇頁）。

さらにヘーゲルはキリスト教的自由の理念の現実化の過程を「理念」と「情熱」との関係から捉えて、「世の中のどんな偉業も情熱なしには成就されなかった。ここに二つの契機がわたしたちの対象となって来る。その一つは理念で、他は人間の情熱である。一方は世界史という大きな敷物の縦糸であり、他方はその横糸である」と説きました。ここにはヘーゲルによる哲学とキリスト教との文化総合が企図されていると言えるでしょう。

第一一章　シュティルナーとキルケゴール
――唯一者と単独者――

ヨーロッパ近代思想はカントで実現したように、理性による自律を実現させました。このこと自体はきわめて重要なことですが、やがて自律が「自己主張欲」に変質することが起こってしまいました。というのも、もし人間の主体が自然のままでは世俗化することを免れることがありませんでした。この過程はマックス・ヴェーバーの『プロテスタンティズムの倫理と資本主義の精神』が詳論している通りなのです。彼は宗教的生命の枯渇としての世俗化と世俗主義化した「末人」の運命について「精神のない専門人、心情のない享楽人。この無のものは、人間性のかつて達したことのない段階にまですでに登りつめた、と自惚れるだろう」(大塚久雄訳、岩波文庫、三六六頁)と主張しました。わたしは大学生のとき、哲学に専攻を変更する前は、経済学を学んでおり、なかでも社会思想のゼミに参加し、ヴェーバーのこの著作の翻訳が出たとき、それを読んでみて驚き、聖書の次に熱心にこの作品を学ぶようになりました。

このような近代の主観主義的な自我の究極の姿はシュティルナーの「唯一者」とキルケゴールの「単独者」の概念のなかにも見られます。両者はともに近代的自我の究極の「限界概念」である点で共通していますが、前者はエゴイストでニヒリストを、後者は孤高な信仰者を示す点で対立しています。

1　シュティルナーの「唯一者」

『唯一者とその所有』はかつて辻潤が『自我経』として訳出したように他者関係を断ち切った孤絶に徹した独我論的な結果を導き出しています。この独我論的自我の特徴を、彼は人間の成熟として説き、フォイエルバッハの批判を通してその精神の仮面を剥奪し、この自我をキリストの座をみずから占奪する「唯一者」として描いています。彼は少年・青年・成年の三者の実体について「少年が非精神的な、つまり無思想、非理念的関心をもち、青年がただ精神的な関心をいだくのに対して、成年は生身の個人的・エゴイスト的関心をもつ」（『唯一者とその所有』上　片岡啓治訳、現代思潮社、一八頁）と主張しました。

フォイエルバッハは、神は人間の本質を彼岸に投影したものにすぎないと言います。しかし彼は精神である神を「われわれの本質」と名づけ、この本質がわれわれに対立させられて、本質的自我と非本質的自我とに自我を二分しましたが、これでは人間の自己疎外になっていると、シュティルナーは主張しました。このような試みはヘーゲルと同様に精神の立場であり、神学的でさえあります。神を天上から地上に引きずりおろそうという試みは、キリスト教への「最後の絶望的なすがりつき」にすぎないと言います（前掲訳書、四四頁）。このような試みの全体は精神的人間の歴史である。彼はこの精神の仮面を、「エゴイスト」、「精神の所有者」、しかも他の自我とならぶのではない「独在的自我」、すなわち「唯一者」の観点から剥奪し、神をその王座から追放して、みずからを神である「世界の所有者・創造者」として、万事を自己享受のために利用するエゴイズムを主張したのです。

シュティルナーはあるべき人間ではなく、あるがままの人間を、概念によっては捉えられない「個体」を把握しようとします。ここに彼の積極性があり、同時にその思想の意義もあるかもしれません。しかし、この概念を超えた個体は言葉をも超えているといいます。「言語もしくは言葉は実に手ひどくわたしたちを圧制する。というのは、言葉は固定観念の全軍をわれわれにむけるからだ」、また「わたしが真理の規準なのであって、しかし、わたしは断じて理念ではなく、理念以上のものであり、つまり言葉に表わしがたいものだ」と彼は主張しました。唯一者なる自我は言葉以上であると言われます。自己は絶対的であり、真理の規準であって、「言葉の下僕」のような奴隷ではなく、言葉を自己の所有物として利用するだけです。ですから「真理とは常套語であり、慣用句であり、言葉なのだ」（前掲訳書、二九三頁）と彼はあざけります。だが真理の尺度は人間ではなく、この「私」にあると現代のプロタゴラスは叫びます。

この「私」が真理であるとすると、世界は私のための利用価値の対象にまで低下します。「私にとって、もろもろの対象とは、ただ私が費消する素材であるにすぎない」（前掲訳書、三〇三頁）。この唯一者とその所有物しかない世界には当然のことながら他者は不在です。彼は他者に何かを伝えたり、つくしたりする義務を何も負うていない、もしそうなら「私の自己享受は台なしにされる」とさえ言います。だがわたしには、もし本当にそうなら、このように書物を書くこと自体の意味がわからなくなってしまいます。ですからレーヴィットも述べているように、唯一者について完全な書物を書きえたのは、共同世界のなかで唯一者を一つの人格として役割を担う個人と考えたからではないのか、と反論することができるでしょう。（『人間存在の倫理』佐々木一義訳、理想社、三二二頁参照）。

2　キルケゴールの「単独者」

シュティルナーと同じころキルケゴールも「単独者」についてその思想をまとめて語ってます。それは『わが著作活動の視点』に付録として加えられた「『単独者』私の著作活動についての二つの覚書』（一八四六―四七年）です。当時の時代的特徴をキルケゴールがこの覚書のなかで「解体の時代」と呼んでいるように、彼の単独者の思想はヘーゲルの哲学体系が崩壊してゆく時代に現われたことを告げています。そこにはシュティルナーの「唯一者」と共通するものがあると思われます。

シュティルナーが思考するだけの主観的精神と抽象的人間一般を排除して、唯一者としての「わたし」とその世界所有を説いたのと同じように、キルケゴールも彼の著作活動の初めから語られていた単独者が大衆の不誠実と対決し、単に思考のみの真理を解体し、みずから実存することを通してのみ明らかになる、主体的真理を説きました。そこには唯一者の世界と単独者が接しており、両者の道は同じように見えますが、単独者の実存の道はとても厳しい狭路となっていることが分かります。彼は次のように主張しました。

「単独者」とは宗教的見地からいえば時間、歴史、人類がそれを通過すべきカテゴリーである。……わたしは賎しい召使としてできるだけ多くの人々に彼らがこの隘《あい》路、「単独者」を通過するよう誘いかけ招きよせ尻押しをした。この隘《あい》路は何人も単独者たることなしには通過できない（『わが著作活動の視点』田淵義三郎訳「キルケゴール選集八」創元社、一四四頁）。

この単独者の道は精神の覚醒であって、単独者は永遠者なる神の前に立ってのみ、真の実存にいたるというのがキルケゴールの確信するところでした。この最後の点で彼はシュティルナーと決定的に対立しています。単独者は永遠的なもの、最高の目標のために一人になったのであって、唯一者のように地上的、現世的なものを一人占めし享楽するためではありません。そこには自己の人格に対する尊厳と責任が、またこの人格を通して神に対する責任が意識されています。また、唯一者が「汝ひとりが真理である」（シュティルナー、前掲訳書下、二九九頁）、「この私が万物の尺度である」とのプロタゴラス主義に立っているのに対し、単独者は「この単独者という人生観こそ真理である」と言いますが、それにすぐ続けて、「真理こそはまさしく神の目の前以外で、神の力添えなく、神の立会いなく、神が中間規定であることなくしては、伝えることも受けとることもできない。神こそはその真理である」（前掲訳書、一三三頁）と付け加えることを忘れていません。つまり、単独者の人生観というのは、真理は一人びとりの個人の実存を通して伝達されるのであって、主体的真理がここに語られていますが、誰も、もし神の助けがないなら、そのような任に耐えるものはいないのです。だから彼は言います、「わたし自身が単独者だなどと主張しない。勿論、わたしはそのために戦ってきたが、まだそれを捉え得ないがゆえに、戦いつつある者である。しかも最大の尺度に照らすなら「単独者」は人力を超えたものであることを忘れずにいる一人として」（前掲訳書、一四三頁）と。

「唯一者」の道は「単独者」につながっているように見えます。「ひとりの私」という点で両者は同じです。しかし単独者はその精神のもっとも深いところで、近代的自我、つまり主観主義的自我を克服しています。それは「他者」の発見です。この「他者」はキルケゴールでは永遠の「絶対他者」なる神であって、目の前に現存している者はこの他者にいたる妨げになっている「他人」にすぎません。ここから彼の基本姿勢が次のように示されています。

各人は「他人」と交わることに注意深くあらねばならない。本来語り合うのは神と自分自身とでなければならない……何故ならばただ一人して目的地に達するからである。さらに言うならば、人間は神性とつながっているのである。また人間とは、とりも直さず神性とつながることである（前掲訳書、一二六頁）。

キルケゴールは実存の深みにおいて神と対話しています。たとえば『おそれとおののき』で語られている信仰の騎士が神を二人称で呼ばわっているところにそれはもっとも明らかです（『おそれとおののき』桝田啓三郎訳『キルケゴール』世界の大思想、七〇頁参照）。そこに人格的な相互性が実現し、対話の基礎条件が満たされています。この対話はしかし現実の人間関係を断ち切ることによって、すなわち彼が婚約者レギーネとの関係を断つことによって、達せられる「単独者の狭路」においてしか成立していません。本当は、彼女との関係のなかで神に向かうべきであったのにと言わざるをえません。

『現代の批判』のなかでキルケゴールは現代の大衆化の現象を「水平化」の作用としてとらえ、これに対決する実存の単独者の立場を表明しています。しかし大衆化は彼のもとで肯定的意味をももっています。実存はこの大衆のなかで目立たないように実現されます。というのは神の前における実存は、すべての人に平等である普遍性をもっており、普遍的な目立たない生き方をすることこそ自分の責任であると考えるからです（『現代の批判』桝田啓三郎訳、岩波文庫、六八頁以下参照）。ここに単独者はひるがえって大衆に奉仕する者となっています。これに対しシュティルナーの説く「唯一者」はすべての権力を自己一身に集め大衆を制圧する独裁者となって現われてきます。ここに唯一者のモノローグは大衆を操作し扇動することによって破壊的活動へと駆りたてるため、宣伝によって言論を統制し、ファッシズムとなる言葉の均質化と硬直化を生み出します。

3　単独者への問いとその克服への道

キルケゴールの単独者の思想は今日の実存哲学に対して決定的影響を与えました。その際、実存は社会的公共性、もしくは日常性を否定することで一般者の外に立つことになります。しかし人と人との社会的関係が引き起こす問題性ゆえに、社会から離脱すること、もしくは社会性を否定することは正しくありません。マルクスとキルケゴールとの対立はヘーゲルにおいて統合されていたものの分裂なのです。つまり、ヘーゲルは「人格と人格との共同は本質的には個体の真の自由の制限ではなくて、その拡大とみなされなくてはならない。最高の共同は最高の自由である」と言います。個と普遍との統合する社会性は個人の共向性の自覚によって成立しています。個と普遍、したがって個人と社会との対立は歴史の発展過程の中で次第に変質し、今日では個我主義と集団主義の対立となっています。個我主義は社会を構成している最小単位としての孤立した人間を捉えているのに対し、集団主義はきわめて皮相な社会集団に属する部分としての人間を捉えているにすぎず、両者とも真に全体である人間を把握していません。

しかし実存主義者のなかでも単独者の主張の主観主義的傾向に対し、決定的方向転換をなす試みが行われるようになりました。なかでもマルティン・ブーバーはその名著『我と汝』によって決定的に新しい方向に踏み切っています。「我と汝」は「我とそれ」から区別され、前者が人格的な汝関係を後者が非人格的（非人称的）利害関係をあらわします。汝関係においては関係の二者性、他者との生ける交わりの領域、つまり対話によって他者とともに在る自己が明らかにされ、自己が本質的に関係的で社会的であることが力説されました。また人格概念はカントが以前説いた人間の品位とか尊厳の上にだけ置かれず、人格間の根源的距離の上に立つ交互的関係として把握され、応答的責任を負う自己によって実存主義の個我的側面が徹底的に超克されました。

第一二章　人権思想とファシズム

ヨーロッパ思想史で日本にもっとも影響したのは人権思想であったと言えるでしょう。その成立過程を調べてみましょう。アメリカは独立戦争が続いていた一七七六年に合衆国の独立を宣言しました。イギリスとの対決は最終的に武力衝突に突き進みました。この闘争を支えたのはトマス・ジェファーソン（一七四三―一八二六年）が起草した「独立宣言」（一七七六年）に示されているように、ロックの自然権の思想が大きく影響していました。

ですが、イギリス人の思想家トマス・ペイン（一七三七―一八〇九年）が独立の前に発表した有名な『コモン・センス』でのイギリスの国家批判も大きく影響を及ぼしました。それはイギリスからの独立こそが植民地人にとっての利益であるというのが、コモン・センス（常識）を形成していたからです。こうして今や王侯貴族を排除した議会政治による共和国が求められました。ペインは代議制と民主政によってそれが実現できると説いたのです。

1　人権思想の確立

そこでわたしたちは近代市民憲法における人権の特色について考えてみましょう。この憲法の精神はアメリカ独立革命とフランス革命を通して実現されたものであって、その後の人権保障の体制の先駆として近代市民憲法に登場してきます。まず人権の目的と権力の手段についてアメリカの独立宣言は次のように明瞭に提示しています。

われわれは、自明の真理として、すべての人は平等に造られ、造物主によって、一定の奪いがたい天賦の権利を付与され、そのなかに生命、自由および幸福の追求が含まれていることを信ずる。また、これらの権利を確保するために人類のあいだに政府が組織されたこと、そしてその正当な権力は被治者の同意に由来するものであることを信ずる（高木八尺他編『人権宣言集』岩波文庫、一一四頁）。

このような人権思想はすでに、デカルトに始まり、ジョン・ロックや、ルソーによって説かれていたものでした。アウグスティヌスの『神の国』の国家学説を研究したフィジスがかつて語ったように、「あなたがどんなに高くルソーを評価したとしても、彼がフランス革命を起こしたのではなかった。それは長い間活動してきていた力の結果であった。ルソーはマッチをすって、火薬庫に火を付けたかもしれない。だが、彼が火薬を造ったわけではない」(J. N. Figgis, The political Aspects of St. Augustine's City of God, p.81.)。そこには他の多くの原因がそれに加わって初めて、歴史上重大な結果を生み出したといえましょう。

(1)　フランスの人権宣言とその起源

次にアメリカ独立革命によって大きな影響を受けた、フランスの人権宣言（一七八九年）を調べてみましょう。そこには「あらゆる政治的結合の目的は、人間の自然的で時効によって消滅することのない権利を保全することである」(第二条)と述べられています。こうして人々は封建的な支配から自由となって人権の所有者となり、政治の目的がそれを保証するように仕向けました。したがって政府は人権を維持し擁護するためにのみ認められ、その権力を行使することができますが、それを担当する者自身の利益のために権力を行使することはできません。

その際、人権の不可侵性が人間が生まれながらもっている権利、つまり自然権として主張されました。それゆえ、いかなる権力といえどもこれを侵すことができないという不可侵性が強調され、このことをアメリカの独立宣言は「造物主によって一定の不可譲の天賦の権利」と表現し、フランスの人権宣言は「所有権は、一つの神聖で不可侵の権利である」（第一七条）と主張しています（高木八尺他編、前掲訳書、一三三頁）。もちろん他の国民も不可侵の人権をもっていますから、人権の名においても、他人の人権を侵害することはできません。したがって不可侵の人権にも、それに伴う制約があります。それゆえフランス人権宣言第四条は、「自由は、他人を害しないすべてをなし得ることに存する。その結果各人の自然権の行使は、社会の他の構成員にこれら同種の権利の享受を確保すること以外の限界をもたない。これらの限界は、法律によってのみ、規定することができる」（前掲訳書、一三一頁）と説いたのです。

このような人権宣言の淵源と精神的背景を、ハイデルベルク大学の教授ゲオルク・イェリネックの『人権宣言論』（一八九五年）は宗教改革にまで遡って求めています。彼の主張は次の文章に明らかです。

個人の持つ、譲り渡すことのできない、生来の神聖な諸権利を法律によって確定せんとする観念は、その淵源からして、政治的なものではなく、宗教的なものである。従来、革命の成せるわざであると考えられていたものは、実は、宗教改革とその闘いの結果なのである。宗教改革の最初の使徒はラ・ファイエットではなくロジャー・ウィリアムズである。彼は力強く、また深い宗教的熱情に駆られて、信仰の自由に基づく国家を建設せんと荒野に移り住むのであり、今日もなおアメリカ人は深甚なる畏敬の念を持ってその名を呼んでいる（初宿正典編訳『人権宣言論争』みすず書房、一九九五年、九九頁）。

イェリネックのこの書は、フランスのブトミーとの間に論争を巻き起こしますが、この著書によってアメリカにおけるピューリタン時代の人権論者ロジャー・ウィリアムズの存在が人権思想に対し重要な意味を担っていたことが知られます。このような人権思想の背景にある「人間の尊厳」と宗教的な人間観との関連は多くの人によって指摘されています（杉原泰雄『人権の歴史』岩波書店、一九九二年、三二頁。久保田泰天『ロジャー・ウィリアムズ――ニューイングランドの政教分離と異文化共存』彩流社、一九九八年参照）。

（2）ヨーロッパで誕生した「人権とデモクラシー」を日本文化はどのように変容したか

ヨーロッパ近代の政治思想でとくに顕著な特質はデモクラシーの理解に求めることができます。

それは近代ヨーロッパが経験した民主革命とその理論的発展から考察することができます。それはイギリスのデモクラシー思想、とりわけジョン・ロックの政治思想が決定的な重要性をもっていました。このデモクラシーとその根底にある人権の思想こそヨーロッパ思想のもっとも優れたものであると言えましょう。これは今日全世界的な広がりをもつようになり、日本でもいち早く受容されましたが、それによって文化変容は実現したでしょうか。わたしたちはそれがいかなる人間の理解から生まれてきたのかを、考えてみましょう。

たとえばイギリスの優れた哲学者コリングウッド（一八八九―一九四三）は次のように主張します。「デモクラティックな自由への献身の真の根拠は、各々の人間存在に絶対的な価値をおいた神への周到な姿にあった。……リベラルなあるいはデモクラティックな実践が根拠としている人間の本性についての教義は、人類学的ないし心理学的データの研究から経験的に導きだされたものではない。それらは信仰に属する事柄なのである。そして、それらが導きだされた源泉は、キリスト教の教義であった」（リンゼイ『わたしはデモクラシーを信じる』永岡薫・山本俊樹・佐野正子訳、聖学院大学出版会、二〇〇一年、八六―八七頁参照）。

さらにリンゼイ（一八七九―一九五二）によると、「デモクラシーにおける宗教的な傾向はピューリタニズムの影響から生まれ、反宗教的な傾向は自然科学の影響から生まれており、両者ともに中世における統合を崩壊させるにあたって影響を及ぼし、個人主義の発展に貢献した。……なかでも急進的ピューリタンがデモクラシー理論の形成に大きな貢献をしており、宗教的個人主義がイングランドとアメリカにおいて大きな影響を及ぼしている点が指摘されている。つまりピューリタンたちは〈自由となるべく〉呼び出され、キリスト教徒の交わりからなる霊的な世界を、自由と恩寵の世界として捉えており、そこでは個人的な相違を超えた、宗教的な価値を共有し、国家によって管理されている強制的な世界とは明確に区別されるべきであると説いた」（リンゼイ、前掲訳書、八六―九一頁）。

わたしたち日本人はこのような「人権とデモクラシー」を受容して文化変容を起こしたのでしょうか。そうとも言えますが、そこにキリスト教の影響を見ることはできなかったのです。このように戦前までのヨーロッパ文化の受容には偏りがあったとはいえ、戦後日本人によってヨーロッパの思想を学んだ過程は、その出版物をみてもわかるように、どこの国にも優っていました。現在のヨーロッパがどんなに疲弊していても、その思想は日本に流入し、翻訳から始まり、徹底的に研究し尽くされてきたのです。こうした研究によってこれまでのヨーロッパ理解が少しでも改善され、文化受容の試みが継続されるならば、日本文化の新しい創造過程が始まることも期待されるでしょう。

2　ファシズムとの対決

ヒトラー（A. Hitler, 一八八九―一九四五年）は、オーストリアに生まれましたが定職につくことなく、第一次大戦前ウィーンとミュンヘンで傑物になる夢想を抱き、その幻想をワーグナーの歌曲を土台にして夢見ていました。彼は偉大な人物になるという幻想を、ミュンヘンで巧みな大衆操作によって発揮できる機会をえて、それを実現できると感じるようになりました。そこで第一次世界大戦後、労働党に入党し、世界恐慌による社会の混乱に乗じて一九二一年に国民社会主義ドイツ労働者党（ナチス）の党首となりました。さらに合法的な手段によって一九三三年に政権を獲得し、その翌年には総統となります。こうして全体主義的な独裁体制を確立し、一九三九年には第二次世界大戦を引き起こしましたが、敗戦直前に自殺しました。

彼の思想の中にはその初期から社会ダーウィン主義、狂気に近い人種的偏見、ヨーロッパ東部地域侵攻論、反ボリシェヴィキ思想、そして反ユダヤ主義などがすでに芽生えていました。ところが彼は集団主義的な闘争ではなく、ただ自分の天才的な着想によって社会のはみ出し者や失業者たちに軍服を着せ、彼らを「無形の大衆」である暴徒となし、彼の命令に盲従する組織の中に入れることによって、長年懐いてきた幻想を実現させようとしたのです。そこには一切の問題を一挙に解決しようとする劇場型の政治が実行に移されたのです。彼は大衆を軍隊秩序の中に組み入れ、利用しました。そこに見られた「軍隊式の命令と指揮の構造は、総統ヒトラーの立場を正当化する役割を担った。こうした軍隊組織を彼は自分のためにことごとく導入しようとし、総統たる自分に対する絶対服従を要求する」（シュヴァニツ『ヨーロッパ精神の源流』小杉克次訳、世界思想社、二七九頁）。もちろんそこには彼の狂信的論理といえるユダヤ民族排除の法律「アーリア条項」が導入され、この組織を使ってアウシュビッツで典型的にみられるような恐るべきユダヤ人絶滅が実行されました。

このような独裁者の特色は大衆を操縦し、命令を一方的に下し、ばらばらな無形の大衆が彼の命令によってその都度形を与えられて動くロボット集団と化す点にありました。ヒトラーは『わが闘争』のなかで「世界史上のすべての革命的大事件は、語られた言葉によってもたらされた」と語って、言葉の意義を誇張し、大衆は彼の演説によって魅了されるとともに、彼も大衆から電流にふれたような衝撃をうけました。実際、「命令されることを嫌う者は命令することを好む」

といわれています。独裁者ヒトラーもそうであり、彼は人々を大衆運動と戦争状態のなかにおき、「軍隊的日々命令」によって人々を操作しました。このことをスイスの評論家ピカートは次のように語っています。

彼（ヒトラー）は不遜にも、自己の周囲の人間たちだけではなく、自己自身をも創造した神ででもあるかのように自惚れて、得意であった。だが、彼は決して言葉によって世界を創造した神、また自身が言葉であった神ではなかった。彼は偶像――その正体が日々命令であるところの偶像――なのであって、日々命令の偶像として自己自身を創造し、日々命令の拝跪者として人間たちを創造したのである（『われわれ自身の中のヒトラー』佐野勝也訳、みすず書房、七八頁）。

「日々命令」によって自己を偶像に祭り上げたヒトラーは、その命令によって人間とその集団を無形の混沌状態から一つの形や秩序にまでその都度創造したのです。しかしヒトラーがこのようにドイツに登場できたのには、民衆の心の中にある種の空白が起こっていたからです。つまりこれまでキリスト教社会を長い年月にわたって導いてきた信仰（霊性）が空洞化していたからです。そこには信仰の世俗化が進行しており、その歩みはキリスト教が力を失うにつれ、信仰の替わりに哲学・歴史学・社会学・生物学の順に支配権が交替されていったのです（金子晴勇『近代人の宿命とキリスト教信仰』聖学院大学出版会、一九二―一九五頁参照）。しかし救済の希望は世俗化が進んでも生き続けており、知識人たちは哲学のみならず、歴史学や社会学にも救済を求めました。ところが学問は信仰の対象ではないのですから、その正体は偶像として暴かれ、地位を失墜していったのです。その過程の終末には生物学が覇権を握ることになり、しかもそれは「ゲルマン民族という人種の優越」を誇る生物主義的な世界観としてドイツを風靡し、ナチス一派がアーリア人種を最優秀民族とし、ユダヤ人を抹殺する人種理論の神話が作られたのです。

この人種理論がヒトラーによって現代の政治神話を生み出しましたが、すでに神話と呪術が発生する地盤が先立つワイマール時代に準備されていました。この時代をつぶさに体験したカッシーラーは『国家と神話』の中で文化人類学者マリノフスキーの研究にもとづいて神話発生の根拠を解明しました。カッシーラは神話が人間の社会感情や社会生活全体に浸透し、機能するには特別の理由があって、「人間が異常な、危険な状況に直面しなければならないときに、神話はそのまったき支配力をもつにいたる」（『国家の神話』宮田光雄訳、創文社、三六八頁）と述べています。「それは人間の生来の能力ではまったく克服できない課題に直面する場合にのみ起こります。「そして現代の政治的神話は、まさにそうした絶望的な手段であった」（前掲訳書、三六九頁）としています。このような「最後の論拠」（ultima ratio）を人は奇跡的で神秘的なものの力に頼らざるをえなくなります。こうしてヒトラーの第三帝国の神話が要請され、大きな力を発揮するにいたりました。

このような神話は「無形の大衆」というルサンティマンに冒された心情には、唯一の救いと映じたのです。しかもこの救いは神を自認した悪魔化した霊から生まれた神話の産物であり、このような無神論に対決する反撃が起こってきました。そこにわたしたちは現代の霊性の「悪と対決する」特質を捉えることができます。それは社会的な正義の諸問題に注目することからはじまります。このような霊性の形態は「預言者的・批判的パラダイム」と呼ばれます（シェルドレイク『キリスト教霊性の歴史』木寺廉太訳、教文館、二四三頁。詳しくは金子晴勇『キリスト教霊性思想史』教文館、五二三―五二八頁参照）。たとえばディートリヒ・ボンヘッファーやシモーヌ・ヴェイユの霊性思想にそれが実現しています。

第一三章　ヨーロッパのニヒリズム

今日、ヨーロッパ思想はかつての自己の文化を全面的に否定する無神論とニヒリズムの世紀となりました。それは第一次世界大戦が終結したころ、シュペングラーが『西洋の没落』という書物で預言したことが実現したとしか考えられません。そこには第一次世界大戦後の暗い終末意識が人びとの心を支配していたからです。彼はその書の序文でこの書は「歴史についての新しい見解であり、運命の哲学である」と述べ、その考えを世界史の比較形態学の方法で展開させました。こうして全地球上に広がっているヨーロッパ文化の没落の原因を分析し、ヘルダー、ゲーテ、またニーチェなどに影響されるとともに、歴史家ブルクハルトのペシミスティックな文明観に大きく影響されて、ヨーロッパ文明は、今や「成長」と「成熟」の段階をすでに通過して「衰退」の段階に入り、「没落」が単に個々の国家のみならず、全ヨーロッパを包み込んでいると主張したのです。シュペングラーは文化の歴史を千年の周期をもって回帰する有機体であると考え、それを植物の生成発達になぞらえました。すなわち文化には寿命と発達のリズムがあって、老年期にはいると衰微し、文化は没落するのです。このことは今日蔓延している無神論とニヒリズムによって実証されます。そこでこのような事態を現代を代表する思想家の発言から考察してみましょう。

1　サルトルの無神論的ヒューマニズム

サルトルは『実存主義はヒューマニズムである』（一九四六年）という書物（邦訳『実存主義とは何か』伊吹武彦訳、人文書院）のなかで、自己の無神論的実存主義の立場からヒューマニズムを新しくとらえ直そうと試みました。彼はまず「実存は本質に先立つ」という有名なテーゼをかかげ、人間の本質はさしあたって何ものでもなく、人間はみずから自己を形成してゆくもので、人間は自由そのもの、否、自己の内にも外にも依りかかりうるものはなく、「人間は自由の刑に処せられている」と主張しました。

ここから彼はヒューマニズムを規定し直し、神の代わりに「人間を究極の目的として、最高の価値として考える理論」であるとしました。その場合、実証主義者コントは「特定の行為をなしている人間の全体が神的価値をもつのではない」と考えました。しかし本当はそうではなく人間はむしろたえず自己をのり越えながら自己を確立してゆく主体性以外の何ものでもないと主張し、彼の実存主義的ヒューマニズムを次のように定式化しました。

人間を形成するものとしての超越――神は超越的であるという意味においてではなく、乗り越えの意味において――と、人間は彼自身のなかに閉ざされているのでなく、人間的世界のなかに常に現存しているという意味での主体性と、この二つのものの綜合こそ、わたしたちが実存主義的ヒューマニズムと呼ぶものなのである（『実存主義とは何か』前掲訳書、七六頁）。

人間を超越と見なす考えは、古代のギリシア人セネカが立てたヒューマニズムの根本命題「人間は、人間的なものを越え出ることがないとしたら、なんと軽蔑すべきものであろう」（同上）と似ています。しかしサルトルは人間を世界の中で自己を投企〔投機〕することによって自己を形成すると主張しました。この点こそ実存主義的なのです。その際、彼は人間は自己を決定する能力をみずからもっていると主張します。この能力こそヨーロッパ思想史で問題とされてきた自由意志の力を意味しています。

ところが彼はそれに加えて「神は死んだ」という無神論を強く主張し、神の表象をもつキリスト教的ヨーロッパの価値体系を無意味なものとして拒否しました。カントの場合、自由意志は道徳法則にしたがって行為する能力と説かれていましたが、サルトルの無神論的ヒューマニズムは神のみならずあらゆる法をも退けています。このようにして自由の絶対性を主張すると、意志は無拘束の恣意となって、行動が刹那主義的になり、法を無視するようになります。それは無律法主義なのです。その結果、その主張には具体的方向性が欠けてくるばかりか、個々人がばらばらで、ただ既存の社会秩序や体制に対する無政府主義的反抗というかたちでしか各自の自由を確認できなくなります。

このようなヒューマニズムの最大の欠陥は、世界のなかへ自己を投企することで自己を実現すると主張しても、世界の中で出会う他者をどのように理解しているかと問うてみると、明らかになります。彼は『出口なし』という劇作で「地獄とは他者のことだ」と表明する他者理解が問題となります。これでは他者は自分と同じような「もう一人の自我」であって、その欲望の主体である他の自我は、わたしの生存を脅かす「敵対者」にならざるを得ません。それゆえ彼は自己の主体性を超越して積極的に他者との人格的共同の場に立つことなどありません。確かにこのような試みは人間を自己創造者とみなしており、人間を神の位置にまで高めるもので、そこには自己を神とする無神論的帰結が明瞭に示されています。

サルトルは彼の無神論的な実存主義はドストエフスキーに由来していると言います。ドストエフスキーの言葉「もし神が存在しなければ、すべてが許されるだろう」こそ彼の出発点であると主張するのですが、このような解釈は一体正しいと言えるでしょうか。

2　ドストエフスキーの「人神」と「神人」

そこで「もし神が存在しなければ、すべてが許されるだろう」と主張するドストエフスキーの「人神」という言葉の意味を検討してみましょう。彼はこのヒューマニズムの人間讃歌をそのラディカルな帰結にいたるまで導いていきます。このことは人神の思想を表明している『悪霊』のスタヴローギンとその友人たちとか、『カラマゾフの兄弟』のイワンの思想なのです。これに対抗するのは弟のアリョーシャの「神人」の考えです。ここではイワンについて考えてみましょう。

イワンはカラマゾフ家の長兄ドミトリイにとって「墓場」であり、弟のアリョーシャにとっては「謎」なのです。この「墓場」にして「謎」という二つの言葉のなかにイワンの内心の考えが秘められています。イワンは言うのです、人生と世界はもはや生きる価値のない墓場にすぎない。たとえ神を認めるにしても、神が創った世界にあまりにもひどい悲惨と悪が蔓延しているのだ。たとえ「教養あるヒューマニスティックなヨーロッパ人のような顔」をしていても、一皮はげば、中身は野獣以下なのだ。だから現実の世界は墓場だと言われるのです。ところがイワンはこの墓場の世界になおしがみつき、生への絶望的寄りすがりによって生きているのです。ここにイワンの「謎」があります。

イワンは恋愛に失敗し、絶望的になっていますが、どんなに絶望しようとも、人生の杯をすべて飲みほさずにはやまない、激しい生活欲をカラマゾフ的特性としてもっていました。彼はこの燃えるような生の衝動に駆られ、知性や論理よりもそれ以前の生命に従おうとします。彼の知性が絶望し、論理は通じなくとも、墓場の世界のなかで、それでも自分は生きているという感動に酔いしれたいのです。

このような生き方は、『悪霊』に登場するスタヴローギンと同じ生き方であってイワンは、善悪の彼岸に立って肉欲のいっそう強い刺激によってのみ生きようとします。そこで感じられるのは自己の生命と力だけであって、この感覚がイワンの言う墓場をも貴重なものとしています。ですがここには他者が不在であり、世界はそれ自体での意味をもっていません。ここに自律に立つヒューマニズムのラディカルな帰結としてのニヒリズムが看取されます。

これに対してイワンの弟のアリョーシャは兄との対話のなかで、兄の人生に対する愛をひきあげ、人間によってあらかじめ規定された人生の意義を超えて行き、人生そのものに対する愛にまで高めようと試みます。イワンは人生は意味のない墓場であっても、なおそこに意義があるというのですが、アリョーシャによれば人間の知性や論理でつくられた人工的世界の仮象を突破して、人生そのものから生きる意味を学ばねばなりません。ところがイワンは悲惨が満ちた人間の世界はけっして贖われることはない、たとえ「唯一の罪なき人」、キリストが多大の犠牲を払ったとしても、また自分の考えが間違っていても、人生の苦悩は癒されるものではない、と語って彼の劇詩「大審問官」の物語に移っていきます。

劇詩「大審問官」とヒューマニズムの終焉　大審問官は一六世紀のカトリック教会の化身であるといえます。このカトリックの教権組織によって保証された自由は、キリストが与えようとした「良心の自由」とは本質的に異なっています。大審問官は人間性の邪悪なること、人間は無力で悖徳《はいとく》的であり、謀反を企む「謀逆を性とする存在」であって、奴隷そのものであると力説し、これに対処する最善の方法は「パンと奇蹟と権力支配」であると主張するのです。ところがキリストは荒野の誘惑で悪魔から試みられたとき、このすべてを拒否してしまいました。それに対して大審問官は悪魔と結託し、キリストの事業に訂正を加え、奇蹟・神秘・教権の上にその支配を建設しています。彼はキリストが人間に与えようとした「良心の自由」が選ばれたほんの少数者によって理解されたとしても、大衆はまったく理解できないだけではなく、かえってキリストに敵対する根拠となるだろうと説くのです。その語るところはこれまで考察してきたヨーロッパのヒューマニズムと深くかかわっているので引用してみましょう。大審問官はキリストに次のように言います。

見よ、貴様は人々の自由をわが手に支配するどころか、一層これを大にしてやったではないか。……良心の自由ほど魅惑的なものはないけれども、同時にまた、これほど苦しい要素はないのじゃ。……まさしく貴様は人間の自由を支配するどころか、さらにこれを増してやり、人間の心の王国を永久に、その苦しみにとざしてしまったではないか。貴様は貴様にそそのかされ、とりこにされた人間が、自由意志によって貴様についてくるように、自由の愛を人間にのぞんだ。その結果、人間は、確固たる古来の掟をふりすてて、爾後《じご》おのれの自由意志により、自分で善悪を決定せざるを得なくなった。……だが、しかし、はたして貴様はこんなことを考えなかっただろうか?――もしも選択の自由といったような怖ろしい重荷が人間を虐げるならば、かれらはついに貴様の姿をも、さらに貴様の真実さえも排撃し、これを誹謗するにいたるだろう、という風にじゃな」（『カラマゾフの兄弟』(2)原久一郎訳、新潮文庫、二二六―二二七頁）。

ここに語られているのは、キリストが与えた「良心の自由」が大衆によって誤解され、その自由意志を乱用して、キリストに反逆するものになるという考え方です。キリストが授与した良心の自由は宗教的なものですが、これが人間的なる選択の自由として大衆を悩まし、結局はキリストに反逆した無神論的な結末へ導くものである、と説かれています。キリストが与えようとした「良心の自由」は「自由意志」として受けとられ、「自己主張欲」へと変質してゆかざるを得ません。それというのも人間性が謀逆《ぼうぎやく》を性《さが》とする奴隷的状態にあるからです。それゆえ、このような大衆に良心の平安を与えるため大審問官は自己の教権組織によって良心を拘束し、権力支配を確立するにいたるのです。このようにしてのみ大衆人としての人間は人間的自由を享受しうると考えられています。

しかし、このような組織へと服従することによって達せられる自由は、良心の自由ではありません。イワンは世界を墓場であると前に考えていましたが、ここでも人間性の悪のゆえに政治的組織と権力の支配によってしか幸福になり得ないと判断しています。イワンの世界は大衆としての人間の世界であって、彼は人間性の限界内でできるかぎり生きようと努めるのです。

このような思想は人間の自然の傾向性を解放し衝動を満たすことによって人間的な自由は実現できると見なしています。だから一方では権力を、他方では大衆の傾向性と衝動に従うことによって、現実に自由を実現しうると大審問官は考えるのです。このことはこの劇詩の背景である一六世紀のルネサンス時代の傾向にぴったり一致します。ルネサンス・ヒューマニズムの代表者エラスムスは自由意志を人間的自然の傾向性であると肯定的に説きました。他方、ルターの良心の自由は、それとは反対に、自己の邪悪な罪の本性からの解放を意味し、自然的な傾向性として自由を否定するものでした。

さて、ドストエフスキーの問題「もし神が存在しないならば、なんでも許されるであろう」が語っている自由とは何でしょうか。人間の悪い現状を見て、神の存在の無意味さを知るだけだとしたら、自己の欲望のままに生きる自由が残るかもしれません。サルトルの自由はこのような人間的な限界内における自由にすぎません。しかし神への信仰によって欲望から解放されるならば、自己の傾向性からも自由になって、世界をまったく新しく見、アリョーシャのように人生そのものを愛し、そこから学びながら生きることができます。

劇詩大審問官の物語でドストエフスキーは無神論的ヒューマニズムが権力主義に陥り、人間の自由が隷従に向かわざるを得ないことを明らかにしました。彼はパスカルのいう「神なき人間の悲惨」を追求し、無神論をその最終的帰結にまで導いてゆき、イワンが発狂し、スタブローギンが自殺し、自己破壊を生み出す宿命を宿していることをきわめて説得的に描きました。そこにはギリシア悲劇作家たちがとらえた人間存在の悲劇性に対する認識が再現され、鋭い警告が発せられていると言えましょう。わたしたちはここに近代ヒューマニズムの終焉を見ることができます。ですが同時にゾシマ長老やアリョーシャによって説かれた神人の思想には近代のヒューマニズムの終焉を通り抜けて、その悲劇性を超克する方向も示されているといえます。

3　やましい良心と魂の深淵

これまで物語られてきた良心は人間の心理的事実を超えた現象であって、自己を超えた他者と関連し、この他者が具体的人間であったり、また神であったりします。ルターは修道院に入る以前に神の怒りと死の恐怖を体験し、それから逃れようとして修道士になりました。彼は修道の誓いによってその良心が縛られて、難行苦行を自分に課しても、良心の不安が収まらないで、自己破滅の危機に直面しました。同時に彼はそこでも他の人びとも同じような良心の呵責に悩み苦しめられているのをつぶさに経験し、良心のやましさが単なる自己の心理状態にとどまらない人間としてのリアルな現実であることを認めています。このような修道生活の途上で経験した良心の危機は福音的でない人間的伝統と教義に良心が拘束されていたことから起こってきたのです。福音的でない教義は律法主義もしくは道徳主義に立っていました。このような道徳主義では良心の苦悩がおさまらず、ますます絶望的になってゆかざるを得なかったのです。ここからキリスト教が説く福音的な神の義の発見となり、良心に真の平和がもたらされました。

それに対しドストエフスキーではキリスト教的でない無神論的人神の立場が登場し、「神が存在しなければ、すべては許されるだろう」という無律法主義によって社会的習俗や通念、したがって「やましい良心」をも超えた、超人の思想が登場してきます。この無神論は前に説明したパスカルのいう「神なき人間の悲惨」となってきます。ドストエフスキーはこのような人間の心の深淵を究めんとした現実主義者でもありました。彼は創作生活の最後に当たって自己の課題を明白に語り、次のように言っています。「完全なリアリズムをもって人間の内なる人間を見出すこと。……わたしは心理学者だといわれる、が間違っている。わたしは要するに最高の意味のリアリスト、つまり人間の魂のあらゆる深淵を描くのである」(バフチン『ドストエフスキー論』冬樹社、九〇頁）と。彼は人間の心の深みを単に自己のうちに見る主観的なモノローグの人ではなく、あるいはバフチンのいう人間の心の深みを洞察する人、したがって単純な心理学者ではなく、人間の真実な姿を現代人のなかに捉えているリアリストでありました。この深淵は良心の概念により描かれている場合が多く、その際、『虐げられた人びと』のワルコフスキイ公爵のように「良心の呵責を感じたことが一度もない」といい切る悪漢を登場させたり、また反対に、たとえ卑劣な人間であっても良心の呵責ゆえに自殺したり発狂したりする人物を描いたり、さらに良心の苦難を通って新生する人間の姿を追求しました。

4　ニヒリズムの無神論とキリスト教信仰

このように現代の無神論はその代表者サルトルの思想によって典型的に示されているように、「神の死」を宣言し、人間が神から自由であり、自己の創造者であることを豪語しています。しかし、わたしたちは同じく「神の死」を追求したドストエフスキーのニヒリズムにこそ現代のヒューマニズムの仮面を剥奪するものとして注目しなければなりません。ですから「神がいないなら、何をしてもかまわない」といった好き勝手な自由の追求がいかなる破滅をもたらすかを彼は暴露します。そのことの根源はほかでもない人間の本性が悪質なものであり、ヒューマニスティックな教養人でも一皮剥げば、狼にも等しく残虐で卑劣である点にあります。このように指摘して彼は現代人の唯一の思想とも言えるヒューマニズムの無力を告発しました。

それではドストエフスキーにとって無神論は人間を破滅させるものとして消極的意味しかないのでしょうか。実はそうではないのです。この点を『悪霊』のスタブローギンとチホン僧正との対話から考えてみましょう。

スタブローギンはチホンに自分が毎日悪霊に悩まされていることを告白し、悪霊の存在を信じているかどうかと質問しました。そして神を信じなくとも悪霊だけを信じることができるか否かと迫っています。

「おお、できますとも、どこでもそんなものです」。チホンは目をあげて、にこりとした。

「あなたはそういう信仰でも、完全な無信仰よりはまだしもと認めてくださるでしょうね……」スタブローギンはからからと笑った。

「それどころか、完全な無神論でさえ、世俗的な無関心よりはましです」一見、屈託もなげなさっぱりした調子でチホンは答えた。

「ほほう、そうですか」

「完全な無神論者は、〔なんと申しても、やはりなお〕、完全な信仰に至る最後の階段に立っておりますからな（その最後の一段を踏みこえるか否かは別として）。ところが無関心な人は、愚かな恐怖心以外には何ももっておらない、いや、それとても、感じやすい人が、時たま感じる程度で」（『悪霊』江川卓訳、新潮文庫、下巻、六五六—六五七頁）。

悪霊がスタブローギンを悩ませているのは、彼の心に赦しと愛が欠如し、自己の罪を悔い改めるという彼の告白自体が、自分と同じことをしていながら平気で生きている社会を告発する挑戦にまでなっていることをチホンは見抜きます。しかしこのように悪霊を信じている無神論者といえども、もしその無神論に徹底するならば、完全な信仰にいたる一歩手前にまできていると、ドストエフスキーはチホンに語らせました。

徹底した無神論とは何でしょうか。その場合、二つの可能性があります。一つは無神論にどこまでもとどまる頑迷さです。これは無神論へと絶望的に寄りすがることとか、それとも自己を絶対視して神化させるかのいずれかでしょう。もう一つは神ならぬ神々や偶像の徹底的破壊であって、これによって真の神が明らかになるということです。ですから彼が描いているニヒリストであるスタブローギンの生き方のなかには自分の情欲にのみ生きがいを見いだし、これを絶対視する「人神」の立場が明らかになっています。しかし、この「人神」の滅亡を通して「神人」の思想を説くのがドストエフスキーの主たる創作目標であったと思われます。

ところで無神論は自己神化の形態とは別の姿があり、この立場から神への信仰にいたる道が拓かれると考えられます。それはニヒリズムが単なる神の否定にとどまらず、無神論を生み出している近代的自我そのものの否定へと、つまりそれが依って立つ根底に向けて、しかもそこを突き抜けて徹底されるならば、ルターが説いた「人間の自由意志は無である」という思想に近づくことができます。人間がニヒルであるというのは、ノンニヒルの否定でもあります。人間がニヒルであるという主張は、実は人間を全く超えた新しい生命への希望を述べたもので、ニヒルにとどまることが志向されているのではありません。それはまた、無から有を創造される神にその活動の場を与えることを意味します。それは神の活動が人間におけるニヒルの自覚を伴っていることを洞察させます。もしそうでないなら、「信仰によるのみ」という主張は単なる自己確信と自己主張欲にまで転落するでしょう。

ドストエフスキーが語る「最後の段階を踏みこえる」という飛躍こそ、この信仰なのです。というのもこの信仰自身のうちには「常に罪を悔いる者」(semper penitens) という自己否定の働きが伴われております（Luther, WA. 56, 442 参照）、しかもその信仰は自らを空無化しながら、同時に全く無なるところに有を創造する神の愛の注ぎを受けてはじめて、救いが実現するようになります。ですから信仰はニヒリストのように自らを空無化しながら、同時に全く無なるところに有を創造する神の愛の注ぎを受けてはじめて実現されます。

神の愛はアガペーと呼ばれます。この愛は残念ながらわたしたち人間からは起こることができず、ただ神の愛がわたしたちに注がれることから起こってきます。こうして人間は神の愛を宿すことができる偉大な存在となるのであり、神の愛を受容しなければなりません。しかしそれを受容するためには人間は無となっていなければなりません。ルターは「無から何かを創るのが神の本性である。だからいまだ無となっていない者から神は何も創ることができない」（WA. 1, 183, 37）と言います。こうして一つの逆説が成立します。すなわち、「人間の偉大さはその悲惨と無にある」と。パスカルも異なった文脈からですが「人間の偉大さは、その惨めさから引き出されるほどに明白である」と述べて「廃王の悲惨」を洞察しました。

このようにヨーロッパのニヒリズムは克服することができますが、ここにもわたしたちが探究してきた、ヨーロッパ文化に特有のあの文化総合が現代社会のさなかに実現するようになります。わたしたちはそういう希望をもつことができます。

第Ⅱ部　文学作品からヨーロッパ思想を理解する

一　天地創造の物語

ヨーロッパ文化の源泉には天地創造の物語が多くあります。それを文学作品として読み比べてみると、とても学ぶことが多いように思われます。そこで神話の比較を通してヨーロッパ文化の源泉を探ってみましょう。ヨーロッパの古代では神話によって天地の創成が物語られます。これらを一瞥して旧約聖書の創造物語と比較して見ると、二つの文化圏の相違がはっきりとしてきます。古代のバビロンやギリシアには壮大な規模の創造叙事詩があって、それによって神々が讃美されましたが、同時にそこでは聖書の天地創造の姿がこの比較によって明瞭になってきます。バビロンの叙事詩は紀元前二〇〇〇年も前の太古の時代に作られ、当時バビロンに捕囚民として連行されたイスラエルの預言者たちはその神話を批判しながら創造物語を作ったと考えられます。

（1）　バビロン神話とギリシア神話

バビロンの創造叙事詩は、その冒頭の讃歌でもって始原の神々による新しき神々の誕生を物語っています。原始の海である男神アプスーは淡水の大洋であり、同じく原始の海である女神ティアマトは塩水の大洋です。この神々から生まれた神々のうちアヌは天の主であり、ヌデイムドはエアとも呼ばれる海の支配者です。このエアからバビロン市の守護神マルドゥクという太陽神が誕生します。原始の神々と新しい神々とが戦いを引き起こし、マルドゥクはティアマトを打ち倒し、その身体から世界を創造し、エアはティアマトの血から人間を創造します。このようにバビロニアの創造神話「エヌマ・エリシュ」には世界の創成が語られ、新年祭にバビロンの神殿で朗唱されました。

時代は降って紀元前七世紀に、農民詩人ヘシオドスは、ボイオティアにて神々の血統についての神話を集成しました。それは彼が書いた『神統記』のはじめのところにあります。

まことや初めに混沌生じたり、次に生まれしは広い胸の大地なり。
そは積雪のオリュンポスの山頂に住む神々の久遠の住まいなり。
次には人通わざる地の果てタルタロス〔奈落〕の暗黒が。

同時にエロス〔愛〕も。こは永遠なる神々のうち最美の者なり。
エロスは神々と人間すべての胸深く潜む欲情を抑えて、
考え深い思慮をもうち馴らす。
さて混沌より夜とエレボスなる幽冥が生じた。……
ガイアは己れに等しき大きさの星をちりばめたウーラノス〔天〕を産み、
更に天は大地を隈無く覆えり。久遠の神々の永遠不動の御座所として。

（『神統記』広川洋一訳、岩波文庫、二一―二三頁）

ギリシア神話では天と地の結婚から新しい神々が誕生しますが、ヘシオドスによると天の神ウーラノスによって受胎した大地（ガイア）は、多くの力強い、恐るべき神の子らを産みました。ですが子供が生まれると、ウーラノスは大地の奥処にすべてを隠し、光明の世界へと昇って来させず、悪業を楽しみます。しかし広い大地のほうは子供らを腹に詰め込まれ、心の中で呻き、心痛やるかたなく、遂に奸策をめぐらします。彼女は鉄の大鎌を作り、末子クロノスに渡すと、彼は母のため父に復讐します。ウーラノスが再び母に近づいたとき、クロノスは父の男根をかっ切って去勢します。こうして彼は世界の主となりました。ですが彼は、自分の子供らが、彼が父にしたのと同じようなことを、彼におこなって、王座を追うかもしれないとの恐れから、子供たちが生まれるとすぐ呑みこんでしまいます。ですが末子ゼウスは策略によって救いだされ、父クロノスを倒します。ゼウスはその武器である雷神の矢をもって父の子らのティタン族とすさまじい戦いを交え、オリュンポスの神々の支配を樹立します。

これらの神話と比較すると次に挙げる旧約聖書の冒頭に記された天地創造の物語は実に見事な叙述であるといえましょう。

(2) 天地創造の物語(創世記一—二章)

旧約聖書の創造物語を書いたユダヤ人の祭司たちは、西暦前六世紀に起こったバビロン捕囚の期間に、先述のバビロン神話に対決して創造物語を作りました。この物語はヘシオドスよりも、またマルドゥクとティアマトの讃歌よりも新しく、ユダヤの祭司たちはバビロン文化の啓蒙思潮の影響を受けて、彼らの神話が自分たちの信仰と相容れないことを知り、バビロン人たちとは違った創造物語を作ったのです。彼らの神は自然力でも王権でもなく、実に世界を超越した人格神でありました。

イスラエル人が信じた神は世界と人間を、その言葉「……成れ」によって創造するのです。それはプラトンのデミウルゴス（世界製作神）のように工匠として何らかの素材から世界を創るのではありません。彼らはこの創造神によってギリシア人が帰依したコスモスの神聖さを否定し、世界と人間はともに神によって創造された被造物であって、人間が神の姿に似せて創られているところに人間の優れた地位を与えました。この神は人間に親しく語りかけます。しかも神が人間に「あなた」と語ることによって、人は神に対し「あなた」と答えることができるようになったのです。このような対話によって人格神が、人間を人格にまで育成するようになりました。ですから預言者イザヤは、「わたしはあなたの名を呼んだ。あなたはわたしのものである」（イザヤ四三・一）と言います。ですからイスラエルの宗教は、神に対する人間の関係のすべてを、この神が語り、人が聴くことに集中させます。それゆえ信仰とは聞いて従う「聴従」なのです。

この創造物語には創造以前に混沌状態が述べられ、「神の霊が水の面を動いていた」とあって、バビロン神話で始原の神であった「水」の上に、それよりも高処にあって力で勝る神が「霊」をもって支配している有様を述べています。ここでのヘブライ語の「霊」（ルーアッハ）は風や息を意味します。この息によって人は生きるものとされたとも語られています。これに対しバビロン神話の「水」と「地」は神ではなく、未だ形を与えられていない混沌とした「素材」にすぎません。この素材に神の息が吹き込まれると、それらは生命をもつ被造物として創造されたのです。

次に「光あれ」と神の言葉が発せられます。それ以前は闇に閉ざされていたので、神の言葉は闇を駆逐する光として臨みますが、この光は四日目に造られる太陽と月の光から区別されます。バビロン神話では主神マルドゥクは太陽神であり、月や星もこの星辰宗教では神々として崇められていました。これに対し聖書の宗教では人格神による天地創造が告げられ、太陽は大きい光る物、月は小さい光る物、つまり被造物であると宣言されました。したがって最初に「光あれ」と言われた場合の光は、物理的な光ではなく、神の霊が闇を駆逐する命の光となって世界に現われてきたもので、この光を受けて被造物は神への方向性を内に宿すことになりました。それはちょうど植物が光に向かって身を乗り出す運動に等しいことになります。

ところで新約聖書のヨハネ福音書記者は、その冒頭で同様な思想を神の言葉の先在として語っています。そこでは神の言葉（ロゴス）は神の力を意味し、創世記で光が闇に対決したように、神の言葉がこの世に関わり、その霊は生命として語られています。その光りは神の人への関与を「光」によって表明しています。したがって神の言葉は「人を照らす光」として到来するキリストを指し示しています（ヨハネ一・一―五参照）。

二　ソポクレスの『オイディプス王』と人間讃歌

ギリシア人が創作した多くの文学作品から何か一つを選ぶことは難しく、悩んだ末にわたしが読んでもっとも感動した作品ソポクレスの『オイディプス王』をここでは採りあげてみましょう。ギリシア語で神話はミュートスと言われますが、それは「物語」の意味です。この物語によって人間の生き生きとした姿が語られています。それはまた根源的な人間性をその直接的な印象をもって描き出します。つまり嵐が吹き、稲妻のきらめく、恐ろしい自然現象によって物語が作られています。そこには世界と人間の姿が描かれています。したがって神々が支配を確立した以前の世界は、混沌としており、必然性と宿命（アナンケとモイラ）が支配しています。ですから人びとは破滅を予感し、恐ろしいダイモーンが襲いかかってきています。ホメロスもこのダイモーンについて語っていますが、ここではソポクレスの『オイディプス王』から学びましょう。

（1）『オイディプス王』の物語

オイディプスは人びとがこぞって羨む知力と権力、富と名誉からなる幸福を一身にそなえもったテーバイの王でした。すべての人びとが幸福であると思っているこのオイディプスのなかに実は破滅に追いやる恐ろしい宿命の負い目が突如として顕わとなってきます。彼が生まれたとき、その父ライオスはデルフォイの神託によって王家に不幸をもたらすと告げられたので、オイディプスをコリントスの山奥深い地で彼を殺すように手配しました。しかしオイディプスはそこにただ捨てられただけでした。そして不思議な運命の導きによって、隣国の王家の子として育てられます。彼は青年になると自分の出生について疑いをもち、両親を求めて諸国遍歴の旅にでます。その途次で、デルフォイの神殿に再度神託を聞く旅に出向いた彼の父に出会います。父とは知らず口論の末に父を殺害し、さらにテーバイの町に降り立ったスフィンクスの謎を解いて、その功績により王妃と結婚します。この王妃が自分の母であることを知るに及んで、彼は自分の不運を呪い、自分の眼をくりぬいて放浪の旅に出立します。予言者ティレシアスはこの恐るべき宿命を知っていましたが、人間の力を超えているので、どうにもなりません。「ああ、知っているということは、なんとおそろしいことであろうか——知っても何の益もないときには」と彼は嘆きます。

この宿命が次第に明らかになってくるときの状況について、オイディプスは王妃イオカステとの会話のなかで次のように語っています。

その話を聞いていてたったいま、妃よ、何とわが心はゆらぎ、わが胸は騒ぐことであろう。おそろしい不安が、わたしの心をとらえる。ああ人もしこれをしも、むごい悪霊のなせる仕業と言わなければ、このオイディプスの身の上を、ほかに何と正しく言うすべがあろう。（藤沢令夫訳、岩波文庫、六一、六三頁以下同じ）

オイディプスは破滅をこのように予感し、それを悪霊たるダイモーンの仕業に帰しています。劇のなかでオイディプスが両眼をくりぬいて舞台にあらわれたとき、合唱隊は嘆きの歌を、次のようにうたって、それをダイモーンの仕業と見ています。

おお、おそろしや、見るにも堪えぬ苦難のお姿
わが目はかつてこれほどまでむごたらしい
観物をしらぬ。いたましや、どんな狂気があなたを襲ったのか。

どんな悪意のダイモンが
めくるめくかなたの高みより跳びかかり
幸うすきあなたの運命を苛んだのか。（前掲訳書、九八頁）

オイディプスの日常生活はこのダイモーンの力により破壊され、幸福な生と思いなしていた自己の存在がいかなる霊力の玩弄物にすぎなかったかを悟ります。この明朗な知性の人にしのびよる破滅の予感は、ギリシア的憂愁の情念をよくあらわしています。ギリシア人にとってこの世界は秩序ある美しいものですが、その奥所には秩序以前のカオス（混沌）が支配しており、破滅と宿命とが荒れ狂っています。人間の生活の現実はこのようなカオスであることをギリシア人は知っています。

（2）　ソポクレスの人間讃歌

ギリシア悲劇が盛えた時代にアポロン神殿の扉に「汝自身を知れ」という銘が書かれていました。実はこの自己自身を知る自己認識よりも困難なことはなく、この認識が欠如すると、人は多くの悲劇を自らの手によって招来してしまいます。この痛ましい有様は昔も今も変わりません。

そこでソポクレスの『アンティゴネー』で歌われている有名な人間讃歌をとりあげ、人間の偉大さと悲劇的運命について考えてみましょう。

不思議なものは数あるうちに、
人間以上の不思議はない、
波白ぐ海原をさえ、吹き荒れる南風《はえ》を凌《しの》いで
渡ってゆくもの四辺《あたり》に轟く
高いうねりも乗り越えて。
神々のうち　わけても畏い、朽ちせず
たゆみを知らぬ大地まで　攻め悩まして、
来る年ごとに、鋤き返しては、
馬のやからで耕しつける。（呉茂一訳、岩波文庫、二七―二八頁）

ソポクレスは人間の不思議な存在についてこのように語っています。その不思議な有様は航海術と農耕術にある、と続けて歌っていきます。確かにこの二つの技術こそ原始時代と未開時

代から文明時代を分けている特質といえます。さらに耕作術、狩猟術、家畜調教術、言語と知恵、建築と武術という具合に人間の技術が数えあげられますが、人間には死という限界があります。「ただひとつ、求め得ないのは、死を免れる道、難病を癒す手段は工夫し出したが」。それゆえ人間の偉大さは世界を克服し、その秩序をみずからの力で創造してゆく技術や知恵に認められますが、人は死の限界意識によって神を怖れて生きなければなりません。だから自己のみによって生きようとするなら、人間の偉大さは一転して不幸となります。実に悲劇を生み出すのは人間の傲慢であり、「汝自身を知れ」とのデルフォイの神殿に書かれていた箴言が警告するものに他なりません。この「汝自身を知れ」という自己認識の要請こそ大切であって、そこには人間が永遠なる神のごときものではなく、有限なる存在にすぎないとの自己認識、つまり人間性の条件への反省が説かれていたのです。

このような認識がヨーロッパ思想のなかに生まれて来ています。このことを学んで思想が起こってくる源泉を理解しましょう。

三　モーセの物語

旧約聖書ではもっとも優れた指導者をモーセのなかに認められています。彼はエジプトの地で奴隷として働いていた民を救い出した偉大な指導者でした。多くの物語のなかから彼が神に出会った出来事を学んでみたいと思います。神はこれまでは天使や夢によって自らを現してきましたが、モーセには「燃え尽きない柴」の物語で自分を示しています。そこにはまず異象が日常的経験とは全く異質な出来事として起こっています。そしてここでも神が言葉をもって語りかける様子が物語られています。

このような異象形式の典型的な例は預言者エリアの経験でも採用されています。彼は激しい暴風と大地震と大火の後に神の声を聞きました。その有様は次のように語られています。「見よ、そのとき主が通り過ぎて行かれた。主の御前には非常に激しい風が起こり、山を裂き、岩を砕いた。しかし風の中に主はおられなかった。風の後に地震が起こった。しかし地震の中にも主はおられなかった。地震の後に火が起こった。しかし火の中にも主はおられなかった。火の後に、静かにささやく声が聞こえた」(列王記上一九・一一―一二)。このことは「異象と言葉」の組み合わせを暗示し、宗教学者ルドルフ・オットーが捉えた宗教経験の特質である「恐るべき神秘と魅するもの」(mysterium tremendum et fascinans)を見事に叙述しています。

モーセが羊を飼いながら神の山ホレブに来たとき、彼はこのような異象を経験し、そこで聖なるものの現象に直面しました。異象はその非日常性や触れてはならない禁忌(タブー)を伴って現象します。ですが重要な契機は続いて神がその言葉をもってモーセに呼びかけて、「あなたの立っている場所は聖なる地である」と告げ、「靴を脱ぎなさい」と命じていることです。この現象ではまず天使が登場し、異象が起こり、聖なる神が声を発して人に語りかけ、人が立っている所が「聖なる地」であるとの認識が起こる。ここには旧約聖書における「聖体顕現」(Hierophanie=hieros「神聖な」+phainomai「現われる」)が典型的に示されています。

モーセはミデアンの地にやって来て、この地域のベドウィン(小家畜飼育者)たちから、彼らが夏の初めに新鮮な牧草のある山地に入るという話を聞いていました。そこで彼は舅の羊をよい牧草地に連れて行こうとして、羊をいつもの草原を越えて連れ出したのです。そこで彼は思いがけずホレブ山もしくはシナイ山と呼ばれる「神の山」までやって来ました。それが昔から「神の山」と呼ばれていたのは、多分、火山性のものであれ、別の種類のものであれ、神秘的な諸現象がその山で認められたからでしょう。

ここでモーセは、「柴の茂み」が燃えているのを見ます。それは次のような光景です。

柴の間に燃え上がっている炎のなかに主の御使いが現われた。彼が見ると、見よ、柴は火に燃えているのに、柴は燃え尽きない。モーセは言った。「道をそれて、この不思議な光景を見届けよう。どうしてあの柴は燃え尽きないのだろう」（出エジプト三・二―三）。

このように柴の茂みが燃え、炎が高く上がっているのに、柴が燃え尽きず、炎の中に「ヤハウェの使者」がモーセに姿を見せます。そのような「使者」もしくは「天使」は、聖書のより古い箇所ではいつも固有名詞をもたず、いわば人格的本質をもたずに現われます。こうした神や神々は「瞬間神」（Augenblickgötter）と呼ばれます。そうした自然現象として現われる神的な存在は非人格的なものに過ぎないとしても、神の呼びかけが起こって対話が交わされる場合には、人格的要素が加わってきます。そのような場合、炎は柴の茂みを焼き尽くすことなく、神的な存在も自らを消滅させません。それはすべてを焼き尽くしてしまう火ではなく、燃え上がっても、無くならないのです。この異象の中でモーセは神の「使者」なる天使と出会うのです。

この物語では神が火の中に宿るものと考えられており、「柴の茂みの真ん中から」モーセに呼びかける「声」として神は顕現します。この声が言葉を伴うことによって「神の啓示」となります。

ヤハウェは、モーセが歩み寄るのを見ると、柴の茂みの真ん中から彼に呼びかけます。この呼びかけによって神は自分が選んだ者にその現臨を知らせています。それにモーセが「わたしはここにおります」と答えると、今度は、その限界を超えないように足からサンダルを脱ぐように命じられる（サンダルの意味は他人の土地を占有しようとする靴である。ルツ記四・七参照）。この命令は「聖なるもの」を汚してはならないという「禁忌」（タブー）つまり接近や侵入の禁止令です。そこで接近を禁止した神は、自分が誰であるかをその言葉によって告げます。こうしてこの異国の地で神は「彼の父としての神」、したがってアブラハム・イサク・ヤコブという先祖の神にほかならないことを告知するのです。

モーセがシナイ山で「発見する」のは見知らぬ神ではありません。それは族長たちの神です。それにもかかわらずこの神は、姻戚の人々がモーセに「この山に住んでいる」と好んで物語った神にほかなりません。モーセはミディアン人たちのところへ来たことで、実は族長たちの生活圏の中に来ていたのであり、彼は燃える柴の中で経験した神を族長たちの神として体験しました。

この不思議な出来事に出会ってモーセが神にその名前を聞くと、答えもまた不思議なものであり、「わたしはありてあるものである」（I am who I am.）でありました。その意味は形而上学的な「存在そのもの」といった意味にヨーロッパの古代や中世では理解されましたが、本当は「わたしはいつもあなたと共にいる」という意味であって、「アブラハムの神、イサクの神、ヤコブの神」つまり先祖たちといつも「ともにいたもう神」なのです。ヤハウェは単に激しい暴風と大地震と大火とともに現われる「怖るべき神」ではなく、その言葉に聴従する者に限りなく恵みをほどこす愛なる神でした。イスラエル人たちはこの神を自分たちとたえず共にあるものとして経験したのです。神は告げます、「わたしは必ずあなたと共にいる。これが、わたしのあなたをつかわしたしるしである」（同三・一二）、また「あなたがたの先祖の神、アブラハムの神、イサクの神、ヤコブの神である主が、わたしをあなたがたのところへつかわされました」（同三・一五）とモーセはイスラエルの民に言うように命じられています。つまりヤハウェという神はその民イスラエルと共にあるものとして自己を証言しています。それゆえ神は絶えずその民と共にいて一緒に歩み、民を導く。これこそ「神が共にいる」という「インマヌエル」の思想であって、民は族長たちが行ったように何時いかなるときにも神を呼び求めることができるのです。

四　放蕩息子の物語

ルカ福音書一五章の「放蕩息子」の譬え話はとても有名で、マタイ福音書二一章の「二人の息子」の物語とよく似ていることから、二人の兄弟の関係などが論じられたりしました。しかし、この物語は「譬え話」であって、息子たちのことを言っているのではなく、父なる神の愛について語っています。その愛は「この息子は、死んでいたのに生き返り、いなくなっていたのに見つかった」ことを譬え話として語られたものです。するとそこには「死んでいたのに生き返った」と語られる「死と生」の物語と「いなくなっていたのに見つかった」という「喪失と発見」の物語があることになります。ですからこの物語はルカ福音書にしかない特有な物語であると言えましょう。

放蕩息子に先行する二つの物語では「見失った羊」と「無くした銀貨」の譬え話があって、そこでも「喪失と発見」という共通の主題が展開しています。それゆえ「放蕩息子」の物語も同じ主題について語った話としてルカによって編集されたのです。外面的に見るとそこには「羊」、「銀貨」、「息子」という見失われたものを発見した者の喜びが物語られています。

それでは見失われた存在を発見した父が心から喜んで祝宴を開いた「放蕩息子」の物語には息子の心がどのように述べられているのでしょうか。そこには人間の心について、したがって心の深みにある「霊」について何か述べられているのでしょうか。一見するとこの物語では内心の霊について何も明瞭に語られていないのですが、暗示的にはそれが表明されていると思われます。息子は「放蕩息子」のように放蕩三昧に耽って食べ物がなくなったとき、次のように語っています。

そこで彼は我に返って言った。「父のところでは、あんなに大勢の雇い人に、有り余るほどパンがあるのに、わたしはここで飢えて死にそうだ。ここをたち、父のところに行って言おう、「お父さん、わたしは天に対して、またあなたに対しても罪を犯しました」と（ルカ一五・一七―一八）。

このテクストで最初のところに書かれているように、息子は「我に返って」罪の告白をしたのです。それは「我に立ち返る」ことであり、「悔い改める」ことを言います。その際、この「我」は「自分自身」の意味です。ですが、この「我」や「自分自身」について語られているのは、餓死しそうになって豚が食べるような嫌悪すべきもので飢えをしのいでいる惨めな姿だけです。この破産した者の「我」は「自分自身」の意味ですから、息子の内心を指しており、数々の失敗や裏切りによって恥や後悔の念に満たされた心の状態を指しています。それも飢餓に迫られて初めて自分の失敗に気づくほどに、息子は精神的にはとても幼稚でした。このような未成熟な者でも、その内心の奥底には何かが感じられており、これまでの行いを父に対する背反として捉えさせたのではないでしょうか。

犯した罪を反省するのは良心の作用ですが、罪を失敗として感じるかぎり、『罪と罰』の主人公ラスコリニコフのように真の悔い改めにはいたりません。それゆえ放蕩息子の場合にはその良心が父のことを想起し、その言葉を聞いて父の愛を受容する能力である「霊」が覚醒されないと、何も起こりません。ところがこの息子は「大勢の雇い人に有り余るほどのパン」が父のもとにあると言うのです。想起したのは「雇い人とパン」であって父の愛ではなかったのです。ましてや父の言葉を聞いてその愛を受容する心などいまだもっておりません。それなのに父のほうは息子の帰還を待望し、遠くからその姿を認めて駆け寄ってきたのです。「父親は息子を見つけて、憐れに思い、走り寄って首を抱き、接吻した」（一五・二〇）とあります。息子のほうはこの父の愛に接して初めて父の本当の姿を捉え、その愛を理解し、父を子として受け入れたのです。そこに愛を受容する心の働きが起こっています。

したがって次のような意味でルカの思想がここで展開していると考えられます。人間の内なる心は他者から愛される具体的で現実的な経験を通して初めて、頑なな心から抜けだし、自己に対する他者の愛による関与を認め、それに感謝しながらその愛を受容することが起こっているのです。実に人格的な愛には、愛されると愛し返すという応答愛が起こります。それまでは無関心で、冷酷で、死んでいたような心も、愛されることによって生気が与えられ、生き返ることが起こります。そうしてみると放蕩息子の物語は神の愛に気づくことで生き返った人に起こる心の物語であって、そこには父なる神の大きな愛が初めから終わりまで働いていたことが知られます。

かつてマックス・シェーラーという人が「救済行為の愛は、貧しい者、病める者の中にある積極的なものを実現し展開させるのである。病める者や貧しい者の病や貧困が愛されるのではなく、それらの背後にある隠されたものが、それらの病や貧困から救助されるのである」（『ルサンティマン』「著作集　第四巻」白水社、一一九頁）と語っています。ここでの救済行為の愛というのは、人格的な愛を指しています。確かに神の愛は価値ある人に注がれるのではなく、むしろ無価値な者、放蕩に身をやつしている者に注がれますが、それでも彼らの無なる様が神の愛を引き起こしているのではなく、彼らの内心とその霊に注がれて、悲惨と貧困から彼ら自身を救い出すのです。この意味では父の愛は律儀な律法主義者のような兄に対しても注がれており、偏狭で頑なな冷たい心から救われるように働いています。父の愛は息子らの内心に向けられ、応答愛を引き出しています。

したがって神と人との関係では神とその愛を授けられる人との授受の関係が基本となっています。そこには神の愛を受け取る人には大きな喜びが伴われています。宗教改革者ルターは『マグニフィカト』（マリアの讃歌）で次のように語ります。「神がいかに底深いところを顧み、貧しい者、軽蔑された者、悲惨な者、苦しむ者、捨てられた者、そして、まったく無なる者のみを、助けたもうような神にいますことを経験するとき、神は心から好ましくなり、心は喜びにあふれ、神において受けた大いなる歓喜のために欣喜雀躍（小躍り）する。するとそこに聖霊がいましたもうて、一瞬のうちに、この経験において、わたしたちに満ち溢れる知識と歓喜とを教えたもう」（Luther, WA. 7, 25, 26-26, 7.）と。

信仰はここでも人格的な信頼であって、一般的に「見ることも経験することもない」ものに関わり、信仰によって心は高揚します。この高揚には「欣喜雀躍」という心情の運動が伴われています。このような心情が高揚するのは、悲惨な人間に対し神の顧みる愛が前提とされています。こうした心情の動きはルターでは独自な論理を形成しています。それはパウロの言葉「罪が増したところには、恵みはなおいっそう満ちあふれました」（ローマ五・二五）に示されている宗教的な経験が起こっています。ここには罪の増加とは逆比例的に恩恵が増大するという「逆対応」と「超過の論理」が成立し、そのとき心は心情的に高まって「欣喜雀躍」（小躍り）するようになります。ですからルカ福音書は人間の受容状態よりも、神の積極的な愛のわざを大いなる喜びとして語っています。この神の人間に対する愛に応答する作用こそ信仰に他なりません。

五　サマリアの女の物語

次にわたしたちはイエスとサマリアの女との対話物語を取りあげ、「礼拝する者は霊と真理をもって礼拝しなければならない」（ヨハネ四・二四）と語られる、「霊と真理」の関係について考えてみましょう。それはサマリアを通過してイエスが郷里のガリラヤへ旅をしたとき、シカルという村の近くにあった歴史上有名な「ヤコブの井戸」でイエスが休憩したとき話された物語です。

サマリアとユダヤとは当時政治的に対立していました。預言者の時代には国家が北イスラエル王国と南ユダ王国に分裂していましたが、捕囚期以後イスラエルが国家として滅亡した後でもサマリアとユダヤに分かれたまま依然として厳しい対立状態にありました。とりわけサマリア人は紀元前七二二年に滅亡した北イスラエル王国残留の民とアッシリアからの入植者との混住の結果できた、半異教的な混血民族であって、宗教混淆をきたしていました（列王記下一七・二四―四一参照）。

その物語を要約してみましょう。シカルという町はエルサレムとナザレの中間地点にあって、南にはゲリジム山がそびえていました。この町から一・五キロも離れたところにヤコブの井戸がありました。そこに一人のサマリアの女が人目を避けるようにひっそりとやって来ます。弟子たちが食糧の調達に出かけたあとに、井戸端に座したイエスは渇きを覚え、水瓶を携えてきたこの女に当時のしきたりに反して「水を飲ませてください」と言って語りかけました。

この対話は身体の渇きを癒す「井戸の水」からはじまり、人々を生かす「生ける水」を経て「永遠の命に至る水」へ飛躍的に進展しています。実際、ヤコブの井戸の水はしばらく渇きをいやすに過ぎませんが、啓示者が施す水は、どの人の中でも泉となって、もはや渇きを覚えさせないのです。それは「命を与えるのは〈霊〉である。肉は何の役にも立たない」（ヨハネ六・六三）とあるような「人を生かす霊」、つまり「霊水」なのです。この泉からは活ける霊水が湧き出て来て、そこに神の救いと永遠の命が「人を生かす真理」として啓示されます。しかし女はどうしてもこれを理解することができません。「生きた水」とは何か不思議なものであるとぼんやり感じているに過ぎないのです。それがあればもう水汲みという女の労働から解放される、奇跡の水ぐらいに考えました。彼女にとって奇跡とは日常生活を楽にしてくれる御利益をもたらすものに過ぎないのです。

ところでこのサマリアの女は、町にも泉があるのに、町から遠く離れた、しかも「井戸の水は深い」（同四・一一）とあるように、汲み出すことが困難であった井戸になぜ現われたのでしょうか。彼女は実は不品行のゆえに評判のよくない女でした。それでも主イエスがこの女に水を請うたところを見ると、イエスが伝統的な儀式や習俗によって定められた社会的因襲から全く自由になっているばかりか、評判のよくない女をも人間として扱ったので、彼女は二重の意味で驚嘆してしまいました。

ところが二人の間の対話は急展開を起こし、「行ってあなたの夫を連れてきなさい」とイエスは女に命じます。ここから物語は女の夫との関係という「人と人」との親密な間柄から「神と人」との真実な関係に発展し、「霊と真理」にまで問われて、ユダヤ対サマリアといった政治的な対決とは全く異質な「神と人」との霊的な交わりが問題となり、霊性と知性との関係にまで発展しています。

ここでわたしたちはイエスに伴われる「真理の光」および「真理」の意味について考えてみましょう。このような意図もあってかイエスは話題を一転させ、彼女が心中深く横たわる闇のように暗い部分に光を与え、照明します。これによって女の過去の暗い部分が指摘されました。つまり彼女が五人の夫を以前もっていましたが、それは非合法な夫婦関係にあることを言い当てられます。そのため彼女はイエスを先見者（予言者）として認識するようになります。そこで彼女は予言者ならば神を礼拝する場所がゲリジム山の神殿か、それともエルサレムの神殿かという、当時の宗教上の大問題を持ち出しました。これに対しイエスは礼拝すべき場所は地理的に特定される山でも町でもなくて、「心の内なる霊の深み」において真理を求めて礼拝すべきことを告げます。「真の礼拝をする者たちが、霊と真理とをもって父を礼拝する時がくる。今がそのときである」（四・二三）と。

心の深みとしての霊は特定の場所に限定された祭儀的礼拝を完全に超えています。それはイエスの来臨とともにすでに到来している霊と真理による終末論的な礼拝を意味しました。これによってすべての外面的な祭儀が廃棄され、霊と真理による礼拝が実現するようになります。

ヨハネはイエスを神の真理の体現者とみなし、イエスに「わたしは真理である」（同一四・六）と語らせています。したがって「真理」といっても客観的な科学的、歴史的、哲学的な真理ではなく、イエスと対話する者に自己認識を呼び起こす主体的な真理を意味します。真理の体現者であるイエスの前に立つとき、真理の光の照明を受けて自分が気づいていない隠された暗闇の部分が照らしだされたのです。この「真理」という言葉はギリシア語ではアレテイア（覆いを取り除く）として「真なる姿」「ありのままの姿」「非隠蔽性」を意味します。この真理の光を受けて

「赤裸々な自己」の認識と告白が必然的に起こってきます。サマリアの女の物語がこの点を明らかに説き明かしています。

このように「霊」が「真理」と一緒に用いられているのは人間の霊（心の深み）が真理の照明によって正しい自己認識に達し、謙虚になって新生を求めるためです。それゆえ聖書は「打ち砕かれた霊」を恩恵を受ける不可欠の前提とみなしました。ヨハネによると神から派遣される「真理の霊」は救い主なるイエスを知るように導き、「真理の霊が来ると、あなたがたを導いて真理をことごとく悟らせる」（同一六・一三）といわれます。それゆえヨハネによると霊は人に授けられた人を生かす力なのです。このように神の霊は真理をもって人間を照明し、正しい自己認識に導くと同時に偽りの祭儀・虚偽の宗教・神に敵対する諸々の霊力から人間を解放します。

最後にわたしたちはこの物語で語られた「真理」とよく似ていますが、全く対立する古典的な事例をあげてみましょう。前にもお話ししたギリシアの神話的人物オイディプスは知力と権力、富と名誉からなる幸福を一身に備えたテーバイの王でした。しかし、このオイディプスの心の奥底に悪しき宿命のダイモーンが巣くっていました。このことが突如として明らかになります。彼の生活はこのダイモーンの力によって破壊され、幸福な生と思っていた自己の存在が恐るべき霊力の玩弄物にすぎないことを自覚します。ギリシア的な精神と知性はこのきびしい現実をあるがままに認識し、気高い心でもってそれに忍従するように語っています。

それに対しヨハネ福音書は「イエスとサマリアの女」の物語によって神と人との関係をイエスの仲立ちを通して回復させようとします。このような神人関係こそキリスト教の根底にあるものです。このことをヨハネは、神がまずわたしたちを愛してくださり、わたしたちも神を愛するようになったという仕方で告知します（ヨハネの手紙Ｉ、四・一〇参照）。このような「恵みと真理はイエス・キリストを通して現れた」（ヨハネ一・一七）とヨハネは語っています。

六　ダンテ『神曲』

ダンテ（Dante Alighieri 一二六五―一三二一年）はフィレンツェの六人の「行政長官」の一人でした。彼は九歳のときベアトリーチェ・ポルティナーリ（Beatrice Portinari 一二六六―九〇年）に恋し、彼女の死によって虚脱感を懐くようになりました。ですが彼はその数年後結婚したのですが、それでも虚脱と憂愁が続き、詩集『新生』を書きました。ところが一三〇〇年にフィレンツェで政変に出会い、亡命と流浪の生活が始まります。その失意のうち彼は有名な『神曲』という晩年の作品を残しました。こうして生地フィレンツェを見ることなく、一三二一年に死去しました。

『神曲』のなかには彼が探究した思想が刻まれています。『神曲』は地獄・煉獄・天国の三重構成（それぞれ三三曲と一つの序曲を加えて一〇〇の完数を示す）に対応して欲望による秩序の破壊・愛の清めによる秩序の回復・無私の愛による秩序の賛美が語られています。そこにはキリスト教的な世界秩序に対する一大讃歌が見られます。森に迷い込んだダンテは人間理性を象徴するウェルギリウスと神的愛の化身であるベアトリーチェに導かれて罪・苦悩・絶望からなる地獄を通り、信仰による罪の清めをする煉獄を経て、神の啓示と愛によって人間が生まれ変わる道程を描きました。この作品についてクルティウスという批評家が次のように的確に語っています。

『神曲』の構想はウェルギリウスとの精神的出会いを基礎にしている。ヨーロッパ文学の範囲では、この現象に比較しうるものは少ない。一三世紀におけるアリストテレス復活は数世代の仕事であり、知的研究の冷たい光のなかに成就した。ダンテによるウェルギリウス復活は、一つの偉大な魂から他の偉大な魂に架かった炎のアーチである。ヨーロッパ精神の伝統はこれほど感動的な高さ、優しさ、豊かさをもつ状況を知らない（『ヨーロッパ文学とラテン中世』南大路振一他訳）。

確かに『神曲』は詩人を、その主要部分を成す三つの段階を通じて、聖なる三位一体の直視に向かって歩ませ、それが三つの輪の組み合わせという形で表明しています。それゆえ『神曲』は神への還帰の三つの「道」、つまり浄化（煉獄）・照明（地上楽園）・完成（天国）を提示しています。これらの諸段階を詩人は古代作家ウェルギリウス、かつての愛人ベアトリーチェ、中世の神学者ベルナールに導かれて、次々に遍歴します。彼が描いているベルナールは現実の姿にかなり近いように思われます。こうして彼の人間性の理解がきわめて深く、自然描写も美しいと考えられます。

ところでベルナールは中世の神秘神学を象徴しているものと考えられます。ダンテを旅の終局目標に導くにあたって、理性だけではもはや充分ではなく、観想という新しい種類の霊的な体験が必要であり、それをベルナールが体現していると語られています。

ですから『神曲』での地獄・煉獄・天国という三重構成に対応して、欲望による愛の無秩序・清めの愛による秩序形成・無私の愛による秩序がそれぞれ讃美されています。この観点から一二世紀におけるトゥルバドゥールの宮廷的な恋愛も厳しく批判されます。この批判はダンテ自身にも妥当するため、地獄編にある有名なパオロとフランチェスカの恋愛で彼も卒倒してしまう有様が次のように描かれています。

愛は優しい心にはたちまち燃えあがるものですが、
彼も私の美しい肢体ゆえに愛の檎となりました、

愛された以上愛し返すのが愛の定め、
彼が好きでもう我慢のできぬほど愛は私をとらえ、
御覧のように、いまもなお愛は私を捨てません。
愛は私ども二人を一つの死に導きました。（ダンテ『神曲』平川祐弘訳、講談社、二八頁）

この一節は『神曲』「地獄編」における恋愛を歌ったもので、結婚外での至純の愛を説いた宮廷的恋愛に対しダンテは「ああ可哀想な、いかにも優しい相思の情だ、それなのにかれらはそれがもとでこの悲惨な道へ堕ちてしまった」と嘆き、「哀憐の情に打たれ、私は死ぬかと思う間に、気を失い、死体の倒れるごとく、どうと倒れた」（前掲訳書、二八―二九頁）と歌っています。この点で煉獄篇の第二六歌でグイド・グィニツェルリーというトゥルバドゥールに「人倫の掟を守らず、獣のように性欲に従った」とその非を悔いさせ、プロヴァンスの詩人アルナウトには「過去の狂気の沙汰を思い返しますと心は憂いに重くなる」と告白させているところを見ると（前掲訳書、三二九頁）、ダンテは宮廷的恋愛よりもいっそう高貴な霊的な愛をめざしていたことが知られます。

地獄編は宮廷的恋愛をよく示しており、不倫の愛の伝承につながっていると思われます。たとえばディド、クレオパトラ、ヘレナとパリス、トリスタン、さらにランスロットの名前がそこにあげられています。とりわけランスロットの純愛物語がパオロとフランチェスカとを結びつけ、「秘められた愛情」という宮廷的恋愛を芽生えさせたように書かれています。

それゆえ煉獄篇第三三歌で再会したベアトリーチェは「十字架におもむくわが子を見守るマリアのように変った」とあって、いっそう気高い姿に高まっていきますが、それでも「その頰には火のような紅がさしていた」とあるように『新生』の恋愛体験もいまだ息づいています。煉獄から天国に入ると人間の観念の極限を超えて心は高まっていくのですが、その心を動かすのも愛にほかならないのです。この点をわたしたちは『神曲』の最終歌から学ぶことができます。

七　エラスムス『痴愚神礼讃』

オランダのロッテルダムの人、エラスムスの作品は新しいルネサンス的人間と思想とが完全な成熟段階に達しており、エラスムスは見事な作品を次々に発表しています。非合法な結婚によって生まれた彼は貧しい青春時代を送りました。修道院からやっと脱出して、パリに留学し、ラテン語に磨きをかけ、教父の著作研究に熱中しました。また家庭教師となってイギリスに渡り、ジョン・コレットを通じて聖書批評の原理とキリスト教的人文主義を学びます。また、トマス・モアとの友情を通して国際人として活躍するようになりました。彼の生涯は旅行と著作の出版とから切り離せません。広い交際、自著のみならず、ギリシア語聖書や教父全集の出版、無数の書簡を書く彼の姿はルネサンスの国際的知識人そのものです。同時代の人々がエラスムスから期待し、賞讃を惜しまなかったものは、新しい明瞭性・純粋性・単純性であり、合理的で健康な正しい生き方とその新しい調和の姿でした。それは『痴愚神礼讃』のなかに生き生きと語られています。

この最良の作品で語りかけている精神は哲学的でも歴史的でもなくて、言葉のもっとも優れた意味で文献学的です。彼は言語、表現、文体を愛し、古代的人間の英知が彼の言葉を通して再生し、古典的精神が輝き出ています。この作品で彼は古代文化に共感し、優れた生活と実践がそこに説かれていると考えました。ところが彼の精神のもっとも深い根底はキリスト教であって、古典主義はただ形式として役立ち、彼のキリスト教的理想と調和する要素だけが、古代の倫理から選びだされています。

そこでたとえば人生と社会にとって不可欠な要素である「健康な痴愚」について考えてみましょう。エラスムスは人生がお芝居であって、人生喜劇の仮面を剥ぐ者は追い出されると次のように言います。

役者が舞台に出てきて、その役を演じていますときに、だれかが役者の被っていた仮面をむしり取って、その素顔をお客さんたちに見せようとしますすよ。こんなことをする男はお芝居全体をめちゃめちゃにすることにはならないでしょうか。また、こういう乱暴者は、石を投げられ劇場から追い出されるのが当然ではありますまいか。……幻想が破り去られてしまうと、お芝居全体がひっくりかえされます。いろいろな扮装や化粧こそが、まさに、われわれの目をくらましていたからです。人生にしても同じこと、めいめいが仮面を被って、舞台監督に舞台から降ろされるまでは自分の役割を演じているお芝居以外のなにものでしょうか。そのうち舞台監督は、同じ役者に、じつにいろいろ雑多な役をやらせますから、王様の緋の衣をまとった人間が奴隷のぼろを着て、また出てまいりますね。あらゆる場合が、要するに仮装だけなのでして、人生というお芝居も、これと違った演じられかたはいたしませんよ。

（『痴愚神礼讃』渡辺一夫・二宮敬訳、九六頁）

エラスムスはこの人生劇場の多種多様な姿のなかに痴愚が愚人の役を演じなければならないこと、またそれが必要であることを説いています。また、痴愚の妹分たる「自惚れ」が人間の行動を推進する力になっていることも言います。「自惚れという人生の塩を除き去ってごらんなさい。演説家は弁舌をふるっているうちに熱がさめてきますし、音楽家の奏でる調べは退屈になってきます。また役者の演技はやじり倒されます。……他人の喝采を博したいなら、めいめいがいい気になって自惚れ、自分がまっ先になって自分に喝采を送ることが肝心要、どうしても必要なことなのですよ」（前掲訳書、八四頁）と。このように述べてエラスムスは痴愚神に自分の存在理由を次のように語らせています。

要するにこの私がいなかったら、どんな集まりもなく、どんな楽しく安定した結縁もありません。皆がお互いに幻を作り合うこともせず、お互い同志のペテンや追従もなく、賢明にも目をつぶるというようなこともなく、結局のところ、痴愚の蜜をやりとりしてお互いにまるめ合うことがなかったとしたら、人民はその領主様を、下男はそのご主人を、侍女はその奥方を、生徒はその先生を、友人はその友人を、妻はその夫を、使用人はその雇い主を、同僚はその同僚を、主人はそのお客を、そう長いあいだがまんしていられるものではありますまい（前掲訳書、八三頁）。

このような痴愚女神に支配され、瞞されることは不幸であると哲学者は言いますが、この抗議に対し、誤まるのは「人間らしい人間」であり、「あるがままの人間でいて不幸なことはなにもありますまい。……なぜなら、痴愚は人間の本性にぴったり合っているからですよ」（前掲訳書、一〇〇頁）とエラスムスは反論しています。しかし、彼は愚かさという人間の限界をとび越えて、人間であることを忘れて、至高の神々に成り上ろうとしたり、学芸を武器にして自然に挑戦する「純粋な痴愚」に対しては、諷刺するだけでなく、直接非難します。もちろん軽い喜劇の筆致を失わず、神学者、修道士、司教、枢機卿、教皇、また君主と廷臣への批判は、露骨な冒瀆と不敬におちいらず、たくみな詭弁の綱渡りをしている点、さすがに無類の芸術作品であるといえましょう。

『痴愚神礼讃』の終わりのところで、痴愚神自身が「われを忘れて」エラスムスの本心を直接語っているところを考えてみましょう。この部分を当時の人々はまじめに受け取らなかったのですが、時代の危険な狂気に対してキリストを信じる者に固有の超越的な狂気が対置されます。「キリスト教徒たちが、多くの試練を受けつつも追い求めている幸福は、一種の錯乱狂気にほかなりません。こんなことばをこわがらないでくださいよ。それよりか、事実そのものを十分考えてみてください」。（前掲訳書、一八三頁）

八　シェイクスピア『ハムレット』その他

イギリスの最高の劇作家シェイクスピア（一五六四―一六一六年、五二歳没）は三七の作品と一つのソネット集を残しました。そこにはルネサンス的な人間性の肯定が男女の多様な人間類型を通して表現されています。作品の全体は四種類に分けられます。①一〇編の史劇によって主に英国の王を描いて国民的意識の高揚と歴史による教化と教訓が、ときに悲劇的調子をもって語られています。『ジュリアス・シーザー』・『アントニーとクレオパトラ』・『ジョン王』・『ヘンリー六世』第一―三部・『ヘンリー四、五、八世』・『リチャード三世』など。②一二編の喜劇では穏やかで暖かく、決して冷酷で醜悪ではない人間性の肯定が見事に描出されます。『ヴェニスの商人』・『十二夜』・『真夏の夜の夢』・『ウインザーの陽気な女房たち』・『じゃじゃ馬馴らし』。③暗い人間悲劇を描いた作品群が一六〇〇年ごろから始まっています。古い封建的な家庭に起こった悲劇『ロメオとジュリエット』さらに四大悲劇『ハムレット』・『マクベス』・『リア王』・『オセロ』と続きます。④晩年のロマンス劇（伝奇劇、一種の悲喜劇）の『テンペスト』と『冬の夜話』は穏やかな和解の世界を描いています。

（1） 悲劇の代表作『ハムレット』

ここでは悲劇の代表作『ハムレット』を取り上げてみましょう。この作品は当時流行した仇討ちの流血劇で、さまざまな困難を乗り越えて最後に敵を討つが、同時に自分も滅びるというありふれたものにすぎません。ところが問題なのはその困難さにあって、それは外的な障害よりも、ハムレット自身の内部に潜んでいます。そこにハムレットの性格と謎、さらに魅力もあって、解釈はさまざまになされています。外的な障害としては悲劇『ロメオとジュリエット』のような家族間の衝突といったものはそこにはありませんが、社会的意識が個人を左右する点が認められます。なかでも第一幕では殺害された父の亡霊が出て、ハムレットに復讐を誓わせます。これは旧来の伝統文化の圧力として、自由に生き恋愛もしたいと願っている彼に臨んでいます。だが、現実的な周囲の社会情勢がそれを許さないのです。友人のレアーテーズは妹のオフィーリアに言う。「殿下はご身分が高い、あの方の心はご自分のものではないのだ。あの方の身分にしたがわなければならないのだ」と。オフィーリアの独白にも「お国の華とも希望とも仰がれておいであそばしたのに、流行のかがみ、礼節の手本とたたえられ、あらゆる人の賞賛の的になっていらしたのに、みんな、みんなもうおしまい」とあります。これがイギリス人特有の社会的意識なのです。こうして旧来の伝統文化の意識、現実の社会意識、個人としての自由の意識という三者が衝突し、ハムレットはその相克に悩まされ、絶望の深淵に転落していきます。そこでこの作品のもっとも有名な一節を取り上げてみよう。第三幕、第一場におけるハムレットの独白です。

生きる、死ぬ、それが問題だ（To be or not to be, that is a question）。どちらが貴いのだろう、残酷な運命の矢弾をじっとしのぶのか、あるいは寄せくる苦難の海に敢然と立ち向かって、戦ってその根を断ち切るか。死ぬる眠る。それだけのことだ、しかも眠ってしまえば、みんなおしまいではないか、おれたちの心の悩みも、この肉体につきまとう数知れぬ苦しみも。だとすれば、それこそ願ってもない人生の終局ではないか、死ぬ、眠る、眠る！　夢を見るかもしれない、そうか、ここでつかえるのだな。……誰がこんな重荷をしのぶものか、短剣のただひと突きで、この世からのがれ出ることができるのに？……そして乾坤一滴の大事業も、そのために横道にはずれ、実行の力を失ってしまう。……おお待て、美しいオフィーリア、森の女神よ、お祈りか、ぼくの罪のおゆるしもいっしょに願っておくれ。

ギリシア悲劇オレステース三部作も同様な主題を追求しました。ですが、父親を殺害されたオレステースには殺害の主犯である母への復讐に際してこのような内心の苦悩はありませんでした。ハムレットの場合には母は共犯者ではありません。叔父の犯行が疑われても確たる証拠がない上に、殺害にともなう良心の警告が決断を鈍らせてしまいます。この内面にこそ最大の障害があるといえよう。そこにデンマーク王子ハムレットの北国的な憂愁さが性格的に加わり、絶望の深淵の中に彼は転落していきます。こうして生と死の狭間に宙ぶらりんになって、この独白が語られているのです。ここには自殺さえもできないという絶望の深さがあります。このように近代的人間の意識の構造がここに顕著に示されています。

(2)　ポーシャの選択物語

大航海時代を描いた『ヴェニスの商人』はトリック「だまし」の喜劇です。これは四つの筋からできています。それは、①箱選び、②指輪の紛失、③人肉裁判、④ジェシカの駆け落ちからなっています。この作品の法廷場面でのどんでん返しの妙がそこに暗示されているように思われます。

このことは次のようなことをわたしたちに考えるようにさせないでしょうか。

① アントーニオは外面的には「ヴェニスの商人」ですが、本当は「古代ローマの精神を体した人間」であるのに、現実には伝統社会に生きており、そこに「気鬱」の原因があります。中世に行われていたように無利子で金をかす行為にその一端が示されています。

② 商業都市ヴェニスは対内的には共同社会を維持していても、対外的には利益社会となっています。バッサーニオは二つの社会関係を体得した「ヴェニスの商人」です。

③ ポーシャは箱入り娘で、他人の選択に生きる運命のため、「倦怠」に陥っていますが、結婚によって自由を得て大活躍するようになります。彼女は当時の観客にはエリザベス女王と映っていたに違いありません。「馬車」コーチがそれを示しています。

④ ポーシャはトリック・スターであって、キリスト教徒とユダヤ人とを仲介する役割を担っています。

⑤ シャイロックはキリスト教徒のアントーニオに対する怨恨と遺恨から復讐を企てますが、利息など取らず、肉と一ポンドとを交換して金を貸すというのはトリックには違いありません。ですがそれによって彼はキリスト教徒に改宗するのですから、そこには「欺いて欺かれるトリック」があります。

⑥ 箱選びは外面的な金や銀といったものにはなく、箱のなかに隠されている人格価値を射当

てることを問題としています。ここでは外的な物がトリックを形成しています。

⑦　シャイロックの「証文通り」の主張が破滅となってしまうトリックです。

（3）『リチャード三世』物語

ここでは良心が罪を告発し審判する現象を提示しています。権力志向に燃え立つリチャードは親族や近臣を次々に殺害し、遂に王位について野望を達成します。これを知った母は息子の犯罪を指摘し、厳しく非難します。しかし母や親族の告発は彼の良心を覚醒するにいたるどころか、かえって力づくで告発の声を消してしまいます。母は次のように言います。

未亡人　ええい、醜いひき蛙、兄のクラレンスは、その子のネッドはどこにいる？　あの人の好いリヴァーズは、ヴォーンは、グレーは？　深切なヘイスティングズはどこにいる？

リチャード王　ラッパを、吹け！　太鼓を、進軍の太鼓を鳴らせ！　いやしくも神の聖油を塗られて王冠をいただく身だ、それを陥れようとの根もなき言いがかり、何も天に聞かせることはない。太鼓を打てというのに――おとなしく筋道たてての歎願ならいざ知らず、そ

のような悲鳴は、こうして軍鼓の響きで押しつぶしてしまいますぞ。(福田恒存訳、新潮文庫、一四一頁)

神も人も怖れないこの不敵な男も、夢の中で殺害したすべての人たちの亡霊が現われてきて、明日の戦いには負け、審かれると告げると、たちどころに良心は恐怖にさらされてしまう。マクベスの場合でも同じく亡霊が現われると良心は戦慄します。リチャードは夢の後で叫びます。「ああ、臆病者の良心め、どうしてそう俺を苦しめるのだ！　虚し火が青く燃えている、亡霊でもいるのか。真夜中だな。この震えおののく肌に、びっしょり、冷たい滴が」と。これに続くのが良心の自己告発であり、有罪の宣告が次のように発せられています。(前掲訳書、一七二—一七三頁)

良心のやつ、百千《モモセ》の舌を持っているのだな。その一つ一つが勝手なことをぬかしおる。そして、そのどれもが、俺を悪党呼ばわりだ。偽証の罪を犯したときめつけてくる、人殺し、それも極悪非道、このうえなしの冷酷な人殺しだと。大なり小なり、きょうまで犯した数々の罪が、一緒になって法廷になだれこみ、「有罪だ！　有罪だ！」と喚き散らしている。絶望だ。身方は一人もいない。俺が死んでも、誰も、涙一つこぼしはしない。いるわけがない、俺自身、自分に愛想をつかしているのに、誰が涙を？（前掲訳書、一七三頁）

リチャードは最後の決戦を前にして自己反省によって良心の告発を受けていても、罪責を素直に認め悔恨にいたりません。彼は強情にも自己の権力でもって良心に逆らい、力への意志を表明しています。

泡沫《ホウマツ》のごとき夢に怯えることはない。良心などという言葉は、臆病者の使うものだ、もともと強者を嚇すためにこしらえた言葉だからな。この力だけが良心、剣をもって法となすのだ。さあ、行け、勇敢に突撃しろ、あとは滅多斬りだ。天国に行けなければ、そのときは、もろともに地獄落ちだぞ。（前掲訳書、一七八頁）

このように権力主義者は力を良心となし、剣を法とするのです。これでは暴君以外の何者でもありません。

九　ミルトン『失楽園』

ミルトン（一六〇八―七四）の『失楽園』は一六六七年に出版されましたが、これを書いたのはピューリタン革命が敗北に終ってチャールズ二世の王政回復を挟む前後の頃でした。ミルトンは当時すでに完全に失明していましたが、クロムウェル政府の「外国語大臣」として政治に関与してきた祖国のためにこの作品を作り上げたのです。この作品は神に反逆した堕天使サタンの誘惑によってアダムとエバが罪を犯して楽園を追放されることを描いた物語です。この物語によってヨーロッパ文学における悪魔像は巨大化し、多大の影響を今日にまで及ぼしました。

そこには近代における人間の実像が反映されており、この時代に芽生えてきた人間の自律と自由の理解が根底にあって、そこから自由をヨーロッパの知的な伝統にもとづいて政治的領域で論じられるに先立って人格的な問題としました。しかもそれを最高価値である神との関係で宗教的に捉え、強固な土台の上に基礎づけました。これはカントにいたるまで白熱的に討論された問題であり、今日のヨーロッパ精神の土台を形成しています。

ミルトンは大学時代から構想を立てていた神に対する悪魔の反逆と人間の背信、さらに神との和解を主題にする叙事詩の大作『失楽園』に加えて、荒野でのキリストの試練を扱う叙事詩『楽園の回復』を構想して、自己の思想を完成させました。その中で悪魔像だけを取り上げてみましょう。失楽園の冒頭には次のように歌われ、物語がはじまります。

神に対する人間の最初の叛逆と、また、あの禁断の
木の実について（人間がこれを食べたために、この世に
死とわれわれのあらゆる苦悩がもたらされ、エデンの
園が失われ、そしてやがて一人の大いなる人が現われ、
われわれを贖い、楽しき住処を回復し給うのだが）――
おお、天にいます詩神よ、願わくばこれらのことについて歌い給わらんことを！

（『失楽園』平井正穂訳、岩波文庫、上巻、一・一―六）

この詩全体の主題は「罪とその罰」であって、まず人間が神に反逆し、そのため人間がそれま

で置かれていた楽園が失われます。次いで人間の堕落の主原因であった蛇、というより蛇に宿ったサタンのことにいたります。サタンは神に叛き、夥しい天使の軍勢を味方に引き入れましたが、神の命令によってそれらの一味徒党もろとも天国から追放され、大いなる深淵に落とされました。雷にうたれ呆然自失の体《てい》であったサタンは、天使たちとともにこの地獄の炎々たる火の池に横たわっていましたが、暫くして、そこに横たわっていた麾下《きか》の全軍勢を呼び起こします。彼は伏魔殿を造営し、全体会議を開いて、天国を奪回すべく謀議をめぐらします。

サタンは最高位の大天使ではありませんでしたが、高い天使の階級に属し、権力においても、寵愛と名誉においても偉大な存在でした。ところが御子がその父なる神によって栄光を与えられ、油を注がれた王、メシアの救世主と宣示されるに及んで、嫉妬にかられ、傲慢にも御子の姿を見るに堪えずとばかり忌避し、自分が不当に貶められたと思い込んでしまいました。そうなれば悪意と憤怒の念はいっそう強くなるばかりで、夜が更けて一同が寝しずまる頃を見計らって、暗闇に乗じて部下の全軍を引きつれて逃走しようと決心するにいたりました。こうして傲慢に動かされ、嫉妬に駆られて御子に拝跪《はいき》するのを拒否しました。彼はあらゆる点で神と同等でありたいという野望に燃えたのです。そこで急遽ここに参集したのは「脆座《きざ》の礼、つまり平身低頭して拝むというあの醜悪な礼」を受けようとやってくる御子に対決するためだと言うのです。彼はこのようにだれにも隷属しない絶対的な自由を主張しました。

このサタンの姿は神に反逆するにしたがってかつての天使としての品位を失い、次第に醜悪な姿をとるようになります。彼の意志は悪化し、その歪んだ意志に合致するように、その姿が次第に変わっていきます。このようにしてその品位は転落の一途を辿っていきます。そして「蛇の体内に入り、その粘つく体と一つになり、その霊質を肉化し、獣化する羽目に陥るにいたったとは！」（『失楽園』九・一六三―一七二）と悲嘆するようになりました。

このサタンの姿の中に「堕罪とは何か」が語られており、それはアウグスティヌスが『神の国』で創造と堕罪に関して教えた内容に基づいています。つまり神は人間を善に造ったのに、悪魔は神の「服従者になることを欲せず、暴君のごとく自分自身の服従者をもつことを喜びたいと欲して、神から自己自身へと目を転じた傲慢な天使」（『神の国』一四・一一、泉治典訳、教文館）です。ミルトンの悪魔はまさしくこの説明に一致しています。彼の第一の関心は自己自身の尊厳なのです。悪魔は「自分の真価が損なわれたと思った」ので叛逆したのです。彼は「偉大なサタン」にして「帝王」であり、東洋的な専制君主とマキァベリ的支配者を混ぜ合わせた者です。このようにミルトンでは悪魔の本性の優秀性が、その意志の堕落と比べて、また高い品位が悪化したことによって主張されました。

サタンが人間を堕罪に導いた誘惑はどのようにして起こったのでしょうか。サタンが「悪霊に憑かれた狡猾な蛇」の姿でまずエバを誘惑し、次いでエバによってアダムが禁断の木の実を食べると二人は自分の裸に気づき、羞恥心を覚えるだけでなく、常軌を逸した欲望の虜となってしまいます。サタンはアダムを誘惑できませんでした。それは神が自由意志と理性をさずけて完璧に人間を造ったことを知っており、アダムが自分の限界を超えて神の掟を破ろうとはしなかったからです。それに対しエバのほうはサタンに美しいとほめられ、神性にまで達することができると煽《おだ》てられると、誘惑にはまってしまいました。それでもアダムはエバとの生活を愛していたために禁断の木の実を食べることになります。

アダムに対する堕罪の結果は、エバとは全く違います。彼女はまっしぐらに誤った感情に突入したのに、アダムは禁断の実を食べた後、反対の方向に向かいます。彼は世慣れた者、洒落の名人、凝った冗談の志望者となるのです。彼はエバの味覚をほめて、楽園の弱点は、禁断の実が少なすぎることだとさえ言うのです。彼らはお互いに無垢な欲望のときとは異なる色情を起こすことになったと言われます。つまり目を覚ましたとき恥ずべき悲惨と感じられたものが、今では淫らな行為が可能であるという嬉しい発見として彼らに感じられるのです。このことは「おまえを楽しむ」というアダムの快楽主義的な「戯れ」となって、女は快楽の対象に成り下がり、エバの夢見た神性へのあこがれがこのような彼女の転落を引き起こしたのです。だから増上慢こそあらゆる破滅の原因なのです。このようにサタンは最初に罪を犯しましたが、やがて人間には救い主が与えられるようになります。

このような結末は現代人のありのままの姿を写しだしているように思われないでしょうか。

一〇　ゲーテ『ファウスト』

ゲーテの悲劇『ファウスト』に登場する主人公はルターが活躍した一六世紀の南西ドイツに実在した人文主義者でした。彼は悪魔と結託して魔法に身をゆだねたという伝説ができあがり、民衆本を通してヨーロッパに広く知られるようになりました。このファウスト伝説は、ドイツばかりでなくイギリスのマーロウも劇作化しよく知られるようになりました。ファウストは人形芝居『ファウストものがたり』としても普及し、一八世紀なかごろに生まれたゲーテ（一七四九―一八三二年）も、自伝『詩と真実』のなかで回想しているように、四歳のとき「ドクトル・ファウスト」を見ました。彼は若いときに『ウル・ファウスト』を書きましたが、それでは満足できず、生涯の最後にいたるまで、手を加えては改作し、最晩年になってやっと完成させました。そこには近代人の自画像が完成された姿で見事に描かれています。それは何よりも人間における悪魔的なものがファウスト自身のうまれに宿っており、これが悪魔のメフィストフェレスによって引き出され、悲劇を招来するという物語となりました。

書斎の場面に初めてファウストが登場したとき語られた独白には一六世紀の近代人に特有な特徴である、あの万能人の姿が表現されています。

はてさて、己《おれ》は哲学も、法学も医学もあらずもがなの神学も熱心に勉強して、底の底まで研究した。（『ファウスト』第一部、「天上の序曲」森林太郎訳、岩波文庫）

ここにある哲学・法学・医学・神学は当時のドイツの大学の全学部に当たります。この十六世紀の伝説的人物は、あらゆる学問を修めたが、それでも満足できず、知的絶望に陥ってしまいます。これはデューラーが描いた「メランコリア」と全く同じ情景です。彼は学問の全体を徹底的に研究し、その知識をひっさげて学生たちの上に巨匠のごとく君臨していました。知識は確かに力ですが、ファウストは全知識を修得しても、実際は何も知り得ないという絶望に陥っていました。彼は嘆いて言います、「そして知ったのは、おれたちは何も知ることができないということだけだ。それを思うとこの胸が裂けんばかりだ」（『ファウスト』第一部、手塚富雄訳、中公文庫、三六頁。以下は同訳書による）と。これはソクラテスの説く「無知の知」と同じ内容の自覚ですが、ソクラテスの場合はここから知を愛し求める哲学の探求生活に入ってゆくのに対し、ファウストは哲学を含めた全知識に絶望したのですから、魔法に手を出します。そして大地の霊を呼びだしましたが、「お前はおれに似ていない」といって拒絶されたため、自殺を決意します。その時、復活節の鐘の音を聞いて死を思いとどまり、祭りにでかけた帰り道にむく犬の姿をして近づいてきた悪魔のメフィストフェレスと結託して俗世間に入っていくことになりました。

この作品のはじめには「天上の序曲」があって、そこでは神と天使らとの会議が催され、悪魔も紹介されています。悪魔とはいかなる存在でしょうか。まずはこの場面を考えてみましょう。神は天上から人間ファウストを試みて今は迷いながら仕えていますが、「やがて澄み透った境地に導きたい」と考え、メフィストフェレスを召し出して、ファウストを誘惑するのを許します。なぜなら「人間は、努力するかぎり迷うものだ」が、それでも「よい人間は、盲目な内部の促しにうごかされているときも、正しい道を忘れてはいないものだ」との確信を吐露します。そして神は悪魔について次のように所見を披瀝します。

主　よろしい。たとえそういうときでもおまえは自由にここに出はいりしてよい。
わしはおまえらを憎んだことはない。

およそ否定をことととする霊たちのなかで、
このいたずら者は、わしにはいちばん邪魔にならない。
人間の活動はすぐたゆみがちになる、
すぐ絶対的な安息を求めたがる。
だからわしは、刺激したり引き込んだりする仲間を人間につけておく、それを悪魔としてはたらかせておくのだ。（前掲訳書、三一頁）

このように悪魔が紹介されています。悪魔は全能な神の計画のなかで活動が許されています。というのは悪魔は神に反逆するよりも、神に文句を付けてくる「否定をことととする霊たち」の中でいちばん邪魔にならず、返って神の目的を達成するには役立つからです。したがってメフィストフェレスは人間を襲撃して破滅させる外力ではなくて、人間のうちに取り入って内側から誘惑します。このようにして誘惑される者が自分自身に責任があるように介入してくる誘惑者なのです。ですからメフィストフェレスはファウストの内なる欲望を刺激して誘惑し、破滅に導きますが、責任はどこまでもファウスト自身にあるように誘います。それゆえこの試練はファウストの内心から出たもので、悪魔は人を拐かす誘惑者にすぎません。ところが同じメフィストフェレスはグレートヒェンを誘惑できないのです。というのも清純な愛は彼がとり入る隙を与えないからです。彼女はただその愛人ファウストの愛にさそわれて罪に陥るため、この苦難は彼女にとって外から襲ってきて彼女を破滅させる試練となっています。このことを明らかにするためにファウストが悪魔と交わした契約を問題にしてみましょう。契約が交わされたときファウストは言います。

おれには快楽が問題ではない。おれは陶酔に身をゆだねたいのだ。悩みに充ちた享楽もいい、恋に盲いた憎悪もいい、吐き気のくるほどの歓楽もいい．さっぱりと知識欲を投げすててしまったこの胸は、これからどんな苦痛もこばみはせぬ。そして全人類が受けるべきものを、おれは内なる自我によって味わいつくしたい。おれの精神で、人類の達した最高最深のものをつかみ、人間の幸福と嘆きのすべてをこの胸に受けとめ、こうしておれの自我を人類の自我にまで拡大し、そして人類そのものと運命を共にして、ついにはおれも砕けよう。（前掲訳書、一二五頁）

ファウスト的人間像はここに内なる自我の激烈な衝動に駆られて自律する姿と、そこから生じる運命としても描かれています。しかもこの自我は本質において力であり、不断に拡大し膨張してゆく特質をそなえています。このエクスパンションという特質こそ、ほかならぬ近代資本主義社会を推進させて来た経済力に固有なものであって、この特質のゆえに経済と人間とを一つに結ぶ運命が近代人に宿ることになります。つまり膨張と拡大はあたかも風船をふくらませ続けることによって起こる破裂する運命を宿しています。しかもファウストは「ついにはおれも砕けよう」と語って、破滅の宿命を予感しながらも、自らの意志によってそれを自己のうちに招き入れざるを得ないのです。

近代社会を形成した市民の基本的徳目は「勤勉」でした。勤勉な人は、仕事に熱心で、現世の楽しみをしりぞけて禁欲的に働き、その結果、富を蓄積するようになります。ですが、この富が財神「マモン」として猛威をふるって支配しはじめると、勤勉は飽くことのない「搾取」へと変質していきます。こういう人は頑張りのきく強い人間ですが、頑張るというのも、その言葉の内実をよく見るなら、我を張り、自分の欲望をどこまでも拡大してやまない精神に支えられていることが分かります。この近代人の自我は個人の領域を超えてやがて人類大にまで膨張し、その可能性のすべてを味わいつくして、人類と共に破滅することを欲するほどの恐るべき力をもっています。ファウストの悲劇はこの自我が辿る運命を描いているといえます。ですからいかに美しい瞬間に出会ってもそこに立ちとどまるなら滅びざるを得ないという宿命は、女性に対する愛と政治的事業とを越えて無限に拡大することになります。こういう人間の胸のうちに巣喰っている欲望は、神々に等しい偉大な存在に憧れるだけではなく、同時に地上のもっとも汚らわしい情欲の陶酔をも味わい尽くそうとします。こうして彼は天上への方向と地上への方向とに二元的に内心が分裂する心の病に苦しんでいます。ここにわたしたちは近代的自我像の一つの典型を見いだすことができます。

ゲーテのこの偉大な作品について第二部における展開を辿ることは残念ながらここではできません。そこでこの作品の第二部の終幕のところにあるファウストの救済という壮麗な場面について考えてみましょう。

永遠なる女性的なもの、
われらを高みへ引き行く。

この合唱のことばのなかにゲーテの愛についての生涯をかけた思索が結晶しています。この詩句の意味を理解するためには、そのすぐ前に聖母マリアがかつてファウストの恋人であったグレートヒェンに語っている、やさしい心のこもったことばに注目しましょう。

輝く聖母（かつてグレートヒェンと呼ばれた贖罪の女にむかって）
さあおまえ、もっと高いところにお昇り！
おまえがいると思うと、
その人はついてくるから。

恋ゆえに母と兄と子を死なせて刑死したグレートヒェンは罪を悔い聖母にすがる信仰心で愛するファウストの救いを願ったのです。実にこの愛が男性を高めて救いに導くのです。彼女はファウストへの愛のゆえに思いもしなかった犯罪に陥り、死を通しての贖罪のわざによって愛する人を救いに導いています。

ゲーテのいう「永遠なる女性的なもの」というのは、より善い、より美しいものに高める愛の願望ではないでしょうか。男性のエネルギーがこの女性の導きに従うとき、人間の歩みは正しい方向をつねにとるのではないでしょうか。

一一　ドストエフスキー『カラマーゾフの兄弟』

ドストエフスキー（一八二一―八一年）は近代的自我の問題性をニヒリズムの観点から解明した類稀なる思想家にして偉大なる創作家ではないでしょうか。現代はニヒリズムの世紀であるといわれています。一般的にいって、ニヒリズムは最高価値の喪失と定義され、ヨーロッパではキリスト教的価値体系の喪失、一言でいえば、「神の死」を意味しています。神の死というのは、これまでの最高価値として立てられていた神が無意味になったことをいいます。今日の無神論とニヒリスティックな生活感情とは、永いあいだの時代の流れによって必然的に生じてきている世紀の病ということができるでしょう。こういう時代的特徴を適切にとらえてニヒリストを如実に描いた作家でドストエフスキーに優る人はいないように思われます。たとえば『悪霊』のスタヴローギンや『カラマーゾフの兄弟』のイワンといった人物像のなかにニヒリストの真髄が見事に描き出されているといえましょう。

ドストエフスキーの代表作は未完に終わった最終作『カラマーゾフの兄弟』です。この作品で現代における罪人の姿を描こうとしました。とりわけニヒリストのイワンを典型とする新しい人間像を描こうとしました。そこにはドストエフスキーが創造したカラマーゾフの世界が展開し、父フョードル、長男ミーチャ、次男イワン、末子アリョーシャがそれぞれ個性豊かに描かれています。主題は「偉大なる罪人の生涯」であり、残念ながら作品は未完成で終わっています。

イワンは人生を悲惨が満ちた墓場であり、人生の苦悩は癒されるものではないと考え、邪悪な人間性の限界内で政治組織と権力支配によって幸福を勝ちとろうとします。だが弟のアリョーシャは神への信仰によって邪悪な欲望から解放され、良心の自由を得て世界を新しく見直し、人生そのものから学んでいこうとしています。

この作品でドストエフスキーは近代的人間の宿命を描いています。近代人の信仰である「自律」、つまり「行動の主人」としての自由は、やがては無神論的なヒューマニズムを生み出し、それは結局、権力主義に陥り、人間の自由が隷従に転落せざるを得ません。それゆえ彼は無神論を最終的な帰結にまで導いていき、イワンは発狂し、スタヴローギンは自殺し、自己破壊に終焉する運命を追求しました。ここに自由の両義性と人間存在の悲劇性とが明らかにされ、明瞭に認識されています。

イワンは父親殺しに荷担し、良心の呵責に陥っています。イワンの悪魔は良心なんてものは社会的習慣の産物にすぎない、だから良心のやましさを超えて、社会的諸規範を打破する超人の自由、つまり神になろうと説きます。この点で『道徳の系譜』におけるニーチェの考えと一致します。良心の社会的形態はいずれにせよ認められています。このような良心を権力によって支配する力への意志の問題は、この作品で展開する劇詩「大審問官」において展開しています。大審問官はキリストが良心を権力によって支配するのではなく、かえってこれを自由にした点を非難しています。彼は言います。

人間にとって良心の自由ほど魅惑的なものはないが、これほど苦しいものもないのだ。ところがお前は人間の良心を永久に安らかにするための確固たる基盤を与えるかわりにあるかぎり非凡なもの、謎めいたもの、不明瞭なものを選び、あるかぎりの、人間の力にあわないものを選んだ、そしてそのためお前の行動はまるで彼らをまったく愛していないのとおなじようなものになってしまった、……しかもそれをしたのがだれかといえば、彼らのために自分の命を投げだしに来た人だったのだ。

人間の心には社会的規範があまりに入りこんでいて、心の深みを理解できないものになっていますが、ドストエフスキーはこの点を見ぬいているといえましょう。

罪を神の前に告白し、新生することなしには良心の呵責はおさまりません。しかし無神論的人神の立場はこの真の悔い改めにいたることなく、自殺するか発狂するかしてしまいます。このような悲惨な有様をドストエフスキーは描くことによって人間の本来あるべき姿を間接的に伝えているように思われます。

一二　シャミッソー『ペーター・シュレミールの不思議な物語』

マックス・ヴェーバーがその著作『プロテスタンティズムと資本主義の精神』で描いた末人たちは、かつての宗教的な霊的生命を喪失した「亡霊」となって仕事のファナティズムに狂奔している現代人の姿を良く捉えています。これは現代における「デーモンとの闘争」に巻き込まれてその敗者となっている人たちの姿ではないでしょうか。この点を悪魔の物語として語ったのがシャミッソー（Adelbert von Chamisso 一七八一―一八三八年）の『ペーター・シュレミールの不思議な物語』（一八一四年）です。それは自分の影を売った男の話です。これは「影をゆずってはいただけませんか」と灰色の服を着た謎に満ちた男にこわれて、シュレミールがそれと引き替えに「幸運の金袋」を手に入れるのですが、大金持ちになったものの影がないばっかりにさまざまな苦しみを味わうというメルヘン調の物語です。シャミッソーは影が体から離れる瞬間を次のように見事に描いています。

「どうぞこの袋を手にとって、おためしになってください」。男はポケットに手を入れると、手ごろな大きさで縫目のしっかりしたコルトバ革製の袋を丈夫な革紐ごとたぐり出して私の手にのせました。ためしに袋に手を入れて引き出すと十枚の金貨が出てきました。もう一度手を入れるとまた十枚、さらに十枚、もうひとつ十枚というわけです。「よし、承知だ。こいつと影とを取り換えよう」。私は男の手を握りました。すると男はこちらの手を握り返し、ついで私の足もとにひざまずくと、いとも鮮やかな手つきで私の影を頭のてっぺんから足の先まできれいに草の上からもち上げてクルクルと巻きとり、ポケットに収めました。つづいて立ち上がってもう一度お辞儀をすると薔薇の茂みの方へ引き返していったのですが、歩きながらクスクス笑いを洩らしていたようでした。私はといえば、後生大事に袋の紐を握りしめていたのです。陽がさんさんと射しこめるなかで、すっかり正気を失っていたようです」

（『影をなくした男』池内紀訳、岩波文庫、一九―二〇頁）。

ここでの奇跡は神のそれではなく、悪魔の奇跡なのです。この場面はファウストが悪魔と契約を交わす伝承を彷彿とさせています。ファウストも現世の快楽と引き替えに魂を悪魔に売ったのでした。世俗化が侵攻してきますと、単なる快楽から「金貨」に的が絞られてきます。この引用の少し前には「私は目の前に金貨がキラキラきらめいているような気がしました」と述べられています。この金貨に目がくらんで引用の最後には「すっかり正気を失っていたようです」とあります。これは世俗化による自己喪失を描いているようです。そしてこの文章の直前には「陽がさんさんと射しこめるなかで」と語られています。つまり太陽の光を受けて生きるのが人間の本来の姿であって、それは「影」によって知られる事態なのです。ここでの取引は「魂」ではなく、「影」であるところに悪魔の誘惑の本領が発揮されています。悪魔は悪しき霊です。元来は「光の天使」であった悪魔は「堕天使」となって、神の光が射さない暗黒の世界に青年を引きずり込んでいます。だからこの物語は、主人公がそれとは知らずに悪の誘惑に陥っていく有様を描いており、金袋と影との交換条件が示されています。影というのは魂ではないし、取るに足りない影に意味があろうはずがありません。影なんかは中身もなければ値打ちもない馬鹿げたもののように思われています。ここに悪魔の欺きがあるのです。

レヴィ・ブリュールの『未開社会の思惟』を読んでみると、未開社会の人たちは人の「影」を踏むと、その人は死ぬと信じており、森の開けたところを通過するときには影を踏まれないように警戒している姿が記されています。彼によると「原始的心性は集団表象においては、器物・生物・現象は、我々に理解しがたい仕方により、それ自身であると同時にそれ以外のものでもあり得る」（『未開社会の思惟』山田吉彦訳、岩波文庫、上巻、九四頁）。そうすると影が人間の目には見えない生命現象と融合して表象され得ることになります。わたしたちが考察している「霊」や「霊性」も目には見えない現象です。生命現象でもシェーラーが分析したように実験科学の対象になる部分と対象とならない部分とがあり、魂も心理学の対象となる部分とそうでない部分とがあります。科学を導いているのは理性であり、これは昔から「自然本性の光」(lumen naturale)と呼ばれてきました。人間の霊にはこの光が射さないからルターは神秘主義の用法を借りてこれを「暗闇」(tenebrae, caligo)と言ったが、「影」(umbra)と言う場合もあります。霊は見えないが、光が射すところに「影」として反映しているのです。それは霊の反映といえましょう。これが欠けている者は霊性を完全に喪失した人間であり、世俗化の極致ではないでしょうか。

したがってシュレミールは、影がないばっかりに世間の冷たい仕打ちに苦しまねばならないという辛い経験をなめることになります。物語の終わりに彼はやがてあの不思議な袋が悪魔がよこしたものであると悟り、魔法の袋を投げ捨て、残ったわずかなお金で古い靴を一足買うとはからずもそれが魔法の七里靴でした。七里靴はシュレミールを楽々とよその大陸へ運んでいきます。こうしてシュレミールは魔法の袋という悪魔の奇跡を断念したその瞬間に、あらゆる大陸で大自然の奇跡を探り、研究する可能性が開かれてきます。シャミッソーは主人公を世俗的夢からひき離して、太陽が燦々と輝く世界、実に奇跡に満たされた現実の世界へ導いていきます。ここには奇跡観と等しい思想が窺えますが、違いは太陽がきらめく自然に導くのは理性的な洞察ではなくて、昔話の靴なのです。それゆえ、この物語は昔話による昔話の克服、奇跡による奇跡の克服となっています（リューティ『昔話の本質』新潮文庫、一三五頁参照）。

あとがき

これまでこの書物をお読みになって皆さんはどのように感じましたか。大抵の人は少し難解であったと感じられたかもしれません。ですから文学の物語から成る第Ⅱ部のほうが読みやすいと感じた方も多いのではないでしょうか。実は感覚的な物語と理論的な叙述とは異なっていますが、昔の人たちは神話からはじめて理論的な学説に導かれました。ギリシアではこれをミュートス（物語）からロゴス（理性的言論）へという具合に思考が発展的に導かれたのです。そこには感覚的思考から概念的思考への発展がみられます。

このことは今日のわたしたちでも同じなのです。感覚的なものは感じたままなので分かりやすいのですが、難しいと言われる思想は感覚的なことを理性的に再考したものに過ぎないのです。何かを話しても言葉の意味を定義してから共通な理解が生まれるのです。したがって各人が勝手に感じたのとは相違しています。ソクラテスは感覚的なものを表す言葉をその意味内容を確定するところで，対話が正しく行われると考えて、ものを表す「言葉」を「定義する」ことから会話を始めました。このように定義されて初めて理性的に相互理解が生まれると考えて、その弟子のプラトンは「数学を理解しない者はアカデミヤ（彼の学校）に入ってはならない」と言いました。実は数学と言っても、彼が考えているのは幾何学のことなのです。ですから幾何学を学んだ人は「三角形」という言葉を聞くと、「内角の和が二直角」という定義が頭に浮かび、「円」と言うと「一点からの等距離の軌跡」という定義が頭に浮かぶようになります。そうしないと実はわたしたちも理性的に思考することができないのです。それは幼い頃の勉強から次第に身についてくるものです。

わたしの文章は学生のために少し難しく書かれています。それは理性的な概念的な思考を育てるためです。第Ⅱ部の物語を加えたのは、難解であると感じられる文章に慣れるためなのです。わたしは大学の教養課程の教師として一年生のために設けられた哲学を二〇年間にわたって担当してきました。わたしの講義を聴いた学生たちは、わたしが話していることがどのような生活経験から生まれて来たのですかと、よくわたしに質問しました。それに答えてわたしは、具体的な例を挙げて、どのような経験からわたしの発言が生まれて来たかを説明するようになりました。このような具体的な生活の叙述には感覚的な表現が適していますが、それだけでは哲学的な思考にはなりません。経験を通して思想が生まれることを理解してもらいました。ですから最初は少し難しいと思われても、やがてそれを理解できるようになります、と言いたいです。

あとがき

わたしはこのような講義を最初に勤めた大学の教養課程で数年にわたり続けていましたが、次の研究に進むためにそれを書物にしました。それが『人間と歴史』という書物で、副題として「ヨーロッパ思想における人間の理解」と付けました。この出版は一九七五年のことですから、五〇年くらい前のことです。今回の書物はそのエッセンスだけを再現して、分かりやすく、高校生から大学の一年生にも理解できるように全面的に書き改めてみました。ですから前の本と内容的に重複するところは全くありません。

わたしとしては本書が若い世代の人たちに読まれることを希望しています。というのはわたし自身が高校生のときに学んだものが多く含まれているからです。本書の出版のことではいつもお世話いただいている知泉書館にお願いしました。

二〇二四年六月六日

金子　晴勇

タ　行

ナ　行

ハ　行

マ・ヤ　行

ラ　行

事 項 索 引

ア・カ 行

サ 行

人 名 索 引

金子　晴勇（かねこ・はるお）
昭和 7 年静岡県に生まれる。昭和 37 年京都大学大学院文学研究科博士課程修了。聖学院大学総合研究所名誉教授，岡山大学名誉教授，文学博士（京都大学）
〔主要業績〕『マックス・シェーラー　思想の核心』『人間学入門―自己とは何か？』『「自由」の思想史―その人間学的な考察』『現代の哲学的人間学』『キリスト教人間学』『ヨーロッパ人間学の歴史』『現代ヨーロッパの人間学』『愛の思想史』『エラスムスの人間学』『アウグスティヌスの知恵』『アウグスティヌスの恩恵論』,『宗教改革的認識とは何か―ルター『ローマ書講義』を読む』，ルター『後期スコラ神学批判文書集』, ルター『生と死の講話』『ルターの知的遺産』『エラスムス「格言選集」』，エラスムス『対話集』，グレトゥイゼン『哲学的人間学』，（以上，知泉書館），『ルターの人間学』『アウグスティヌスの人間学』『ルターとドイツ神秘主義』『マックス・シェーラーの人間学』（以上，創文社），『ヨーロッパ思想史―理性と信仰のダイナミズム』（筑摩選書），『宗教改革の精神』（講談社学術文庫），『アウグスティヌス「神の国」を読む―その構想と神学』（教文館）ほか。

〔ヨーロッパ思想史入門〕　　ISBN978-4-86285-412-4

2024 年 7 月 20 日　第 1 刷印刷
2024 年 7 月 25 日　第 1 刷発行

著　者　金　子　晴　勇
発行者　小　山　光　夫
印刷者　藤　原　愛　子

発行所　〒 113-0033 東京都文京区本郷 1-13-2
電話 03（3814）6161 振替 00120-6-117170
http://www.chisen.co.jp
株式会社 知泉書館

Printed in Japan　　印刷・製本／藤原印刷